KAZACHS
WOORDENSCHAT

THEMATISCHE WOORDENLIJST

NEDERLANDS KAZACHS

De meest bruikbare woorden
Om uw woordenschat uit te breiden en
uw taalvaardigheid aan te scherpen

5000 woorden

Thematische woordenschat Nederlands-Kazachs - 5000 woorden
Door Andrey Taranov

Woordenlijsten van T&P Books zijn bedoeld om u woorden van een vreemde taal te helpen leren, onthouden, en bestudering. Dit woordenboek is ingedeeld in thema's en behandelt alle belangrijk terreinen van het dagelijkse leven, bedrijven, wetenschap, cultuur, etc.

Het proces van het leren van woorden met behulp van de op thema's gebaseerde aanpak van T&P Books biedt u de volgende voordelen:

- Correct gegroepeerde informatie is bepalend voor succes bij opeenvolgende stadia van het leren van woorden
- De beschikbaarheid van woorden die van dezelfde stam zijn maakt het mogelijk om woordgroepen te onthouden (in plaats van losse woorden)
- Kleine groepen van woorden faciliteren het proces van het aanmaken van associatieve verbindingen, die nodig zijn bij het consolideren van de woordenschat
- Het niveau van talenkennis kan worden ingeschat door het aantal geleerde woorden

Copyright © 2015 T&P Books Publishing

Alle rechten voorbehouden. Niets uit deze uitgave mag worden verveelvoudigd, opgeslagen in een geautomatiseerd gegevensbestand en/of openbaar gemaakt in enige vorm of op enige wijze, hetzij elektronisch, mechanisch, door fotokopieën, opnamen of op enige andere manier zonder voorafgaande schriftelijke toestemming van de uitgever. U mag dit boek niet verspreiden in welk formaat dan ook.

T&P Books Publishing
www.tpbooks.com

ISBN: 978-1-78492-345-7

Dit boek is ook beschikbaar in e-boek formaat.
Gelieve www.tpbooks.com te bezoeken of de belangrijkste online boekwinkels.

KAZACHSE WOORDENSCHAT
nieuwe woorden leren

T&P Books woordenlijsten zijn bedoeld om u te helpen vreemde woorden te leren, te onthouden, en te bestuderen. De woordenschat bevat meer dan 5000 veel gebruikte woorden die thematisch geordend zijn.

- De woordenlijst bevat de meest gebruikte woorden
- Aanbevolen als aanvulling bij welke taalcursus dan ook
- Voldoet aan de behoeften van de beginnende en gevorderde student in vreemde talen
- Geschikt voor dagelijks gebruik, bestudering en zelftestactiviteiten
- Maakt het mogelijk om uw woordenschat te evalueren

Bijzondere kenmerken van de woordenschat

- De woorden zijn gerangschikt naar hun betekenis, niet volgens alfabet
- De woorden worden weergegeven in drie kolommen om bestudering en zelftesten te vergemakkelijken
- Woorden in groepen worden verdeeld in kleine blokken om het leerproces te vergemakkelijken
- De woordenschat biedt een handige en eenvoudige beschrijving van elk buitenlands woord

De woordenschat bevat 155 onderwerpen zoals:

Basisconcepten, getallen, kleuren, maanden, seizoenen, meeteenheden, kleding en accessoires, eten & voeding, restaurant, familieleden, verwanten, karakter, gevoelens, emoties, ziekten, stad, dorp, bezienswaardigheden, winkelen, geld, huis, thuis, kantoor, werken op kantoor, import & export, marketing, werk zoeken, sport, onderwijs, computer, internet, gereedschap, natuur, landen, nationaliteiten en meer ...

INHOUDSOPGAVE

Uitspraakgids	9
Afkortingen	11

BASISBEGRIPPEN	12
Basisbegrippen Deel 1	12
1. Voornaamwoorden	12
2. Begroetingen. Begroetingen. Afscheid	12
3. Hoe aan te spreken	13
4. Kardinale getallen. Deel 1	13
5. Kardinale getallen. Deel 2	14
6. Ordinale getallen	15
7. Getallen. Breuken	15
8. Getallen. Eenvoudige berekeningen	15
9. Getallen. Diversen	15
10. De belangrijkste werkwoorden. Deel 1	16
11. De belangrijkste werkwoorden. Deel 2	17
12. De belangrijkste werkwoorden. Deel 3	18
13. De belangrijkste werkwoorden. Deel 4	19
14. Kleuren	20
15. Vragen	20
16. Voorzetsels	21
17. Functiewoorden. Bijwoorden. Deel 1	21
18. Functiewoorden. Bijwoorden. Deel 2	23

Basisbegrippen Deel 2	25
19. Dagen van de week	25
20. Uren. Dag en nacht	25
21. Maanden. Seizoenen	26
22. Meeteenheden	28
23. Containers	29

MENS	30
Mens. Het lichaam	30
24. Hoofd	30
25. Menselijk lichaam	31

Kleding en accessoires	32
26. Bovenkleding. Jassen	32
27. Heren & dames kleding	32

28. Kleding. Ondergoed	33
29. Hoofddeksels	33
30. Schoeisel	33
31. Persoonlijke accessoires	34
32. Kleding. Diversen	34
33. Persoonlijke verzorging. Schoonheidsmiddelen	35
34. Horloges. Klokken	36

Voedsel. Voeding 37

35. Voedsel	37
36. Drankjes	38
37. Groenten	39
38. Vruchten. Noten	40
39. Brood. Snoep	41
40. Bereide gerechten	41
41. Kruiden	42
42. Maaltijden	43
43. Tafelschikking	44
44. Restaurant	44

Familie, verwanten en vrienden 45

45. Persoonlijke informatie. Formulieren	45
46. Familieleden. Verwanten	45

Geneeskunde 47

47. Ziekten	47
48. Symptomen. Behandelingen. Deel 1	48
49. Symptomen. Behandelingen. Deel 2	49
50. Symptomen. Behandelingen. Deel 3	50
51. Artsen	51
52. Geneeskunde. Medicijnen. Accessoires	51

HET MENSELIJKE LEEFGEBIED 52
Stad 52

53. Stad. Het leven in de stad	52
54. Stedelijke instellingen	53
55. Borden	54
56. Stedelijk vervoer	55
57. Bezienswaardigheden	56
58. Winkelen	57
59. Geld	58
60. Post. Postkantoor	59

Woning. Huis. Thuis 60

61. Huis. Elektriciteit	60

62. Villa. Herenhuis	60
63. Appartement	60
64. Meubels. Interieur	61
65. Beddengoed	62
66. Keuken	62
67. Badkamer	63
68. Huishoudelijke apparaten	64

MENSELIJKE ACTIVITEITEN 65
Baan. Business. Deel 1 65

69. Kantoor. Op kantoor werken	65
70. Bedrijfsprocessen. Deel 1	66
71. Bedrijfsprocessen. Deel 2	67
72. Productie. Werken	68
73. Contract. Overeenstemming.	69
74. Import & Export	70
75. Financiën	70
76. Marketing	71
77. Reclame	71
78. Bankieren	72
79. Telefoon. Telefoongesprek	73
80. Mobiele telefoon	73
81. Schrijfbehoeften	74
82. Soorten bedrijven	74

Baan. Business. Deel 2 77

83. Show. Tentoonstelling	77
84. Wetenschap. Onderzoek. Wetenschappers	78

Beroepen en ambachten 80

85. Zoeken naar werk. Ontslag	80
86. Zakenmensen	80
87. Dienstverlenende beroepen	81
88. Militaire beroepen en rangen	82
89. Ambtenaren. Priesters	83
90. Agrarische beroepen	83
91. Kunst beroepen	84
92. Verschillende beroepen	84
93. Beroepen. Sociale status	86

Onderwijs 87

94. School	87
95. Hogeschool. Universiteit	88
96. Wetenschappen. Disciplines	89
97. Schrift. Spelling	89
98. Vreemde talen	90

Rusten. Entertainment. Reizen	92
99. Trip. Reizen	92
100. Hotel	92

TECHNISCHE APPARATUUR. VERVOER	94
Technische apparatuur	94
101. Computer	94
102. Internet. E-mail	95
103. Elektriciteit	96
104. Gereedschappen	97

Vervoer	99
105. Vliegtuig	99
106. Trein	100
107. Schip	101
108. Vliegveld	102

Gebeurtenissen in het leven	104
109. Vakanties. Evenement	104
110. Begrafenissen. Begrafenis	105
111. Oorlog. Soldaten	105
112. Oorlog. Militaire acties. Deel 1	106
113. Oorlog. Militaire acties. Deel 2	108
114. Wapens	109
115. Oude mensen	111
116. Middeleeuwen	111
117. Leider. Baas. Autoriteiten	113
118. De wet overtreden. Criminelen. Deel 1	114
119. De wet overtreden. Criminelen. Deel 2	115
120. Politie. Wet. Deel 1	116
121. Politie. Wet. Deel 2	117

NATUUR	119
De Aarde. Deel 1	119
122. De kosmische ruimte	119
123. De Aarde	120
124. Windrichtingen	121
125. Zee. Oceaan	121
126. Namen van zeeën en oceanen	122
127. Bergen	123
128. Bergen namen	124
129. Rivieren	124
130. Namen van rivieren	125
131. Bos	125
132. Natuurlijke hulpbronnen	126

De Aarde. Deel 2   128

133. Weer   128
134. Zwaar weer. Natuurrampen   129

Fauna   130

135. Zoogdieren. Roofdieren   130
136. Wilde dieren   130
137. Huisdieren   131
138. Vogels   132
139. Vis. Zeedieren   134
140. Amfibieën. Reptielen   134
141. Insecten   135

Flora   136

142. Bomen   136
143. Heesters   136
144. Vruchten. Bessen   137
145. Bloemen. Planten   138
146. Granen, graankorrels   139

LANDEN. NATIONALITEITEN   140

147. West-Europa   140
148. Centraal- en Oost-Europa   140
149. Voormalige USSR landen   141
150. Azië   141
151. Noord-Amerika   142
152. Midden- en Zuid-Amerika   142
153. Afrika   143
154. Australië. Oceanië   143
155. Steden   143

UITSPRAAKGIDS

Letter	Kazachs voorbeeld	T&P fonetisch alfabet	Nederlands voorbeeld
А а	шайхана	[ɑ]	acht
Ә ә	әдебиет	[æ]	Nederlands Nedersaksisch - dät, Engels - cat
Б б	бауыр	[b]	hebben
В в	ваннамен	[v]	beloven, schrijven
Г г	әңгіме	[g]	goal, tango
Ғ ғ	ғалым	[ɣ]	Nederlands in Nederland - gaat, negen
Д д	достық	[d]	Dank u, honderd
Е е	еркек	[e]	delen, spreken
Ё ё	режиссёр	[jɔ:], [ɜ:]	yoga, Joods
Ж ж	жолдас	[ʒ]	journalist, rouge
З з	қыз	[z]	zeven, zesde
И и	ангина	[ɪ]	iemand, die
Й й	Абайла!	[j]	New York, januari
К к	келісім	[k]	kennen, kleur
Қ қ	қармақ	[q]	kennen, kleur
Л л	балалар	[l]	delen, luchter
М м	мас емес	[m]	morgen, etmaal
Н н	ынта	[n]	nemen, zonder
Ң ң	өлең	[ŋ]	optelling, jongeman
О о	қорқақ	[o], [o:]	aankomst, rood
Ө ө	өрнек	[ø]	neus, beu
П п	кенеп	[p]	parallel, koper
Р р	қарындаш	[r]	roepen, breken
С с	сырбаз	[s]	spreken, kosten
Т т	тентек	[t]	tomaat, taart
У у	жуас	[w]	twee, willen
Ұ ұ	нұсқа	[ʊ]	hoed, doe
Ү ү	үрлеу	[ju:], [ju]	jullie, aquarium
Ф ф	қол фонары	[f]	feestdag, informeren
Х х	махаббат	[h], [x]	zoals in het Schotse 'loch'
Һ һ	айдаһар	[h]	het, herhalen
Ц ц	полицейлік	[ts]	niets, plaats
Ч ч	чилілік	[tʃ]	Tsjechië, cello
Ш ш	көрші	[ʃ]	shampoo, machine
Щ щ	ащы	[ʃ]	komt dichtbij [ch] - shampoo, machine
ъ	подъезд	[ʰ]	harde teken - duidt aan dat de voorafgaande medeklinker hard wordt uitgesproken

Letter	Kazachs voorbeeld	T&P fonetisch alfabet	Nederlands voorbeeld
Ы ы	ақылды	[ɪ]	iemand, die
І і	үзінді	[ɪ]	iemand, die
ь	детальдары	[ʲ]	zachte teken - duidt aan dat de voorafgaande medeklinker zacht wordt uitgesproken
Э э	экспортшы	[e]	delen, spreken
Ю ю	компьютерші	[ju]	jullie, aquarium
Я я	жанұя	[jɑ]	januari, jaar

AFKORTINGEN
gebruikt in de woordenschat

Nederlandse afkortingen

mann.	-	mannelijk
vrouw.	-	vrouwelijk
mv.	-	meervoud
on.ww.	-	onovergankelijk werkwoord
ov.ww.	-	overgankelijk werkwoord
bn	-	bijvoeglijk naamwoord
bw	-	bijwoord
abn	-	als bijvoeglijk naamwoord
bijv.	-	bijvoorbeeld
enz.	-	enzovoort
wisk.	-	wiskunde
enk.	-	enkelvoud
ov.	-	over
mil.	-	militair
vn	-	voornaamwoord
telb.	-	telbaar
form.	-	formele taal
ontelb.	-	ontelbaar
inform.	-	informele taal
vw	-	voegwoord
vz	-	voorzetsel
ww	-	werkwoord

Nederlandse artikelen

de	-	gemeenschappelijk geslacht
het	-	onzijdig
de/het	-	onzijdig, gemeenschappelijk geslacht

BASISBEGRIPPEN

Basisbegrippen Deel 1

1. Voornaamwoorden

ik	мен	[men]
jij, je	сен	[sen]
hij, zij, het	ол	[ɔl]
wij, we	біз	[bɪz]
jullie	сендер	[sender]
zij, ze	олар	[ɔlar]

2. Begroetingen. Begroetingen. Afscheid

Hallo! Dag!	Сәлем!	[sælem]
Hallo!	Сәлеметсіз бе?	[sælemetsɪz be]
Goedemorgen!	Қайырлы таң!	[qajɪrlɪ taŋ]
Goedemiddag!	Қайырлы күн!	[qajɪrlɪ kyn]
Goedenavond!	Қайырлы кеш!	[qajɪrlɪ keʃ]
gedag zeggen (groeten)	сәлемдесу	[sælemdesw]
Hoi!	Сәлем!	[sælem]
groeten (het)	сәлем	[sælem]
verwelkomen (ww)	амандасу	[amandasw]
Hoe gaat het met u?	Қалыңыз қалай?	[qalɪŋɪz qalaj]
Hoe is het?	Қалың қалай?	[qalɪŋ qalaj]
Is er nog nieuws?	Не жаңалық бар?	[ne ʒaŋalɪq bar]
Tot ziens! (form.)	Хош болыңыз!	[hɔʃ bolɪŋɪz]
Doei!	Хош бол!	[hɔʃ bol]
Tot snel! Tot ziens!	Келесі кездескенше!	[kelesɪ kezdeskenʃæ]
Vaarwel! (inform.)	Қош!	[qɔʃ]
Vaarwel! (form.)	Сау болыңыз!	[saw bolɪŋɪz]
afscheid nemen (ww)	қоштасу	[qɔʃtasw]
Tot kijk!	Әзір!	[æzɪr]
Dank u!	Рахмет!	[rahmet]
Dank u wel!	Үлкен рахмет!	[julken rahmet]
Graag gedaan	Мархабат	[marhabat]
Geen dank!	Мархабат түк емес	[marhabat tyk emes]
Geen moeite.	Түк емес	[tyk emes]
Excuseer me, ... (inform.)	Кешір!	[keʃɪr]
Excuseer me, ... (form.)	Кешіріңіз!	[keʃɪrɪŋɪz]
excuseren (verontschuldigen)	кешіру	[keʃɪrw]

zich verontschuldigen	кешірім сұрау	[keʃɪrɪm sʊraw]
Mijn excuses.	Кешірім сұраймын.	[keʃɪrɪm sʊrajmɪn]
Het spijt me!	Кешіріңіз!	[keʃɪrɪŋɪz]
vergeven (ww)	кешіру	[keʃɪrw]
Maakt niet uit!	Оқасы жоқ	[ɔqɑsɪ ʒɔq]
alsjeblieft	өтінемін	[øtɪnemɪn]
Vergeet het niet!	Ұмытпаңызшы!	[ʊmɪtpɑŋɪzʃɪ]
Natuurlijk!	Әрине!	[ærɪne]
Natuurlijk niet!	Әрине жоқ!	[ærɪne ʒɔq]
Akkoord!	Келісемін!	[kelɪsemɪn]
Zo is het genoeg!	Болды!	[bɔldɪ]

3. Hoe aan te spreken

meneer	Мырза	[mɪrzɑ]
mevrouw	Ханым	[hɑnɪm]
juffrouw	Қыз	[qɪz]
jongeman	Жігіт	[ʒɪgɪt]
jongen	Ұл	[ʊl]
meisje	Қыз	[qɪz]

4. Kardinale getallen. Deel 1

nul	нөл	[nøʎ]
een	бір	[bɪr]
twee	екі	[ekɪ]
drie	үш	[jʊʃ]
vier	төрт	[tørt]
vijf	бес	[bes]
zes	алты	[ɑltɪ]
zeven	жеті	[ʒetɪ]
acht	сегіз	[segɪz]
negen	тоғыз	[tɔɣɪz]
tien	он	[ɔn]
elf	он бір	[ɔn bɪr]
twaalf	он екі	[ɔn ekɪ]
dertien	он үш	[ɔn jʊʃ]
veertien	он төрт	[ɔn tørt]
vijftien	он бес	[ɔn bes]
zestien	он алты	[ɔn ɑltɪ]
zeventien	он жеті	[ɔn ʒetɪ]
achttien	он сегіз	[ɔn segɪz]
negentien	он тоғыз	[ɔn tɔɣɪz]
twintig	жиырма	[ʒɪːrmɑ]
eenentwintig	жиырма бір	[ʒɪːrmɑ bɪr]
tweeëntwintig	жиырма екі	[ʒɪːrmɑ ekɪ]
drieëntwintig	жиырма үш	[ʒɪːrmɑ jʊʃ]

dertig	отыз	[ɔtɪz]
eenendertig	отыз бір	[ɔtɪz bɪr]
tweeëndertig	отыз екі	[ɔtɪz ekɪ]
drieëndertig	отыз үш	[ɔtɪz juʃ]
veertig	қырық	[qɪrɪq]
eenenveertig	қырық бір	[qɪrɪq bɪr]
tweeënveertig	қырық екі	[qɪrɪq ekɪ]
drieënveertig	қырық үш	[qɪrɪq juʃ]
vijftig	елу	[ely]
eenenvijftig	елу бір	[ely bɪr]
tweeënvijftig	елу екі	[ely ekɪ]
drieënvijftig	елу үш	[ely uʃ]
zestig	алпыс	[alpɪs]
eenenzestig	алпыс бір	[alpɪs bɪr]
tweeënzestig	алпыс екі	[alpɪs ekɪ]
drieënzestig	алпыс үш	[alpɪs juʃ]
zeventig	жетпіс	[ʒetpɪs]
eenenzeventig	жетпіс бір	[ʒetpɪs bɪr]
tweeënzeventig	жетпіс екі	[ʒetpɪs ekɪ]
drieënzeventig	жетпіс үш	[ʒetpɪs juʃ]
tachtig	сексен	[seksen]
eenentachtig	сексен бір	[seksen bɪr]
tweeëntachtig	сексен екі	[seksen ekɪ]
drieëntachtig	сексен үш	[seksen juʃ]
negentig	тоқсан	[tɔqsan]
eenennegentig	тоқсан бір	[tɔqsan bɪr]
tweeënnegentig	тоқсан екі	[tɔqsan ekɪ]
drieënnegentig	тоқсан үш	[tɔqsan juʃ]

5. Kardinale getallen. Deel 2

honderd	жүз	[ʒyz]
tweehonderd	екі жүз	[ekɪ ʒyz]
driehonderd	үш жүз	[juʃ ʒyz]
vierhonderd	төрт жүз	[tørt ʒyz]
vijfhonderd	бес жүз	[bes ʒyz]
zeshonderd	алты жүз	[altɪ ʒyz]
zevenhonderd	жеті жүз	[ʒetɪ ʒyz]
achthonderd	сегіз жүз	[segɪz ʒyz]
negenhonderd	тоғыз жүз	[tɔɣɪz ʒyz]
duizend	мың	[mɪŋ]
tweeduizend	екі мың	[ekɪ mɪŋ]
drieduizend	үш мың	[juʃ mɪŋ]
tienduizend	он мың	[ɔn mɪŋ]
honderdduizend	жүз мың	[ʒyz mɪŋ]
miljoen (het)	миллион	[mɪllɪɔn]
miljard (het)	миллиард	[mɪllɪard]

6. Ordinale getallen

eerste (bn)	бірінші	[bırınʃı]
tweede (bn)	екінші	[ekınʃı]
derde (bn)	үшінші	[juʃınʃı]
vierde (bn)	төртінші	[tørtınʃı]
vijfde (bn)	бесінші	[besınʃı]
zesde (bn)	алтыншы	[altınʃı]
zevende (bn)	жетінші	[ʒetınʃı]
achtste (bn)	сегізінші	[segızınʃı]
negende (bn)	тоғызыншы	[toɣızınʃı]
tiende (bn)	оныншы	[onınʃı]

7. Getallen. Breuken

breukgetal (het)	бөлшек	[bølʃæk]
half	екіден бір	[ekıden bır]
een derde	үштен бір	[juʃten bır]
kwart	төрттен бір	[tørtten bır]
een achtste	сегізден бір	[segızden bır]
een tiende	оннан бір	[onnan bır]
twee derde	үштен екі	[juʃten ekı]
driekwart	төрттен үш	[tørtten juʃ]

8. Getallen. Eenvoudige berekeningen

aftrekking (de)	азайту	[azajtw]
aftrekken (ww)	алу	[alw]
deling (de)	бөлү	[bøly]
delen (ww)	бөлү	[bøly]
optelling (de)	қосу	[qosw]
erbij optellen (bij elkaar voegen)	қосу	[qosw]
optellen (ww)	қосу	[qosw]
vermenigvuldiging (de)	көбейту	[købejtw]
vermenigvuldigen (ww)	көбейту	[købejtw]

9. Getallen. Diversen

cijfer (het)	сан	[san]
nummer (het)	сан	[san]
telwoord (het)	сан есім	[san esım]
minteken (het)	алу белгісі	[alw belgısı]
plusteken (het)	қосу белгісі	[qosw belgısı]
formule (de)	формула	[formwla]
berekening (de)	есептеп шығару	[eseptep ʃıɣarw]

tellen (ww)	санау	[sɑnɑw]
bijrekenen (ww)	есептеу	[eseptew]
vergelijken (ww)	салыстыру	[sɑlıstırw]

Hoeveel? (ontelb.)	Неше?	[neʃæ]
Hoeveel? (telb.)	Қанша?	[qɑnʃɑ]
som (de), totaal (het)	қосынды	[qɔsındı]
uitkomst (de)	қорытынды	[qɔrıtındı]
rest (de)	қалдық	[qɑldıq]

enkele (bijv. ~ minuten)	бірнеше	[bırneʃæ]
weinig (bw)	көп емес ...	[køp emes]
restant (het)	қалғаны	[qɑlɣɑnı]
anderhalf	бір жарым	[bır ʒɑrım]
dozijn (het)	дожна	[dɔʒnɑ]

middendoor (bw)	қақ бөліп	[qɑq bølıp]
even (bw)	бірдей бөлу	[bırdej bøly]
helft (de)	жарты	[ʒɑrtı]
keer (de)	рет	[ret]

10. De belangrijkste werkwoorden. Deel 1

aanbevelen (ww)	кеңес беру	[keŋes berw]
aandringen (ww)	кеуделеу	[kewdelew]
aankomen (per auto, enz.)	келу	[kelw]
aanraken (ww)	қозғау	[qɔzɣaw]
adviseren (ww)	кеңес беру	[keŋes berw]

afdalen (on.ww.)	түсу	[tysw]
afslaan (naar rechts ~)	бұру	[burw]
antwoorden (ww)	жауап беру	[ʒawap berw]
bang zijn (ww)	қорқу	[qɔrqw]
bedreigen (bijv. met een pistool)	қорқыту	[qɔrqıtw]

bedriegen (ww)	алдау	[aldaw]
beëindigen (ww)	бітіру	[bıtırw]
beginnen (ww)	бастау	[bastaw]
begrijpen (ww)	түсіну	[tysınw]
beheren (managen)	басқару	[basqarw]

beledigen (met scheldwoorden)	қорлау	[qɔrlaw]
beloven (ww)	уәде беру	[wæde berw]
bereiden (koken)	әзірлеу	[æzırlew]
bespreken (spreken over)	талқылау	[talqılaw]

bestellen (eten ~)	жасату	[ʒasatw]
bestraffen (een stout kind ~)	жазалау	[ʒazalaw]
betalen (ww)	төлеу	[tølew]
betekenen (beduiden)	білдіру	[bıʌdırw]
betreuren (ww)	өкіну	[økınw]
bevallen (prettig vinden)	ұнау	[ʊnaw]

bevelen (mil.)	бұйыру	[bujɪrw]
bevrijden (stad, enz.)	босату	[bɔsatw]
bewaren (ww)	сақтау	[sɑqtaw]
bezitten (ww)	ие болу	[ɪe bɔlw]
bidden (praten met God)	сиыну	[sɪ:nw]
binnengaan (een kamer ~)	кіру	[kɪrw]
breken (ww)	сындыру	[sɪndɪrw]
controleren (ww)	бақылау	[baqɪlaw]
creëren (ww)	құру	[qʊrw]
deelnemen (ww)	қатысу	[qatɪsw]
denken (ww)	ойлану	[ɔjlanw]
doden (ww)	өлтіру	[øltɪrw]
doen (ww)	жасау	[ʒasaw]
dorst hebben (ww)	шөлдеу	[ʃøldew]

11. De belangrijkste werkwoorden. Deel 2

een hint geven	тұспалдау	[tuspaldaw]
eisen (met klem vragen)	талап ету	[talap etw]
excuseren (vergeven)	кешіру	[keʃɪrw]
existeren (bestaan)	тіршілік ету	[tɪrʃɪlɪk etw]
gaan (te voet)	жүру	[ʒyrw]
gaan zitten (ww)	отыру	[ɔtɪrw]
gaan zwemmen	шомылу	[ʃɔmɪlw]
geven (ww)	беру	[berw]
glimlachen (ww)	күлімдеу	[kylɪmdew]
goed raden (ww)	шешу	[ʃæʃw]
grappen maken (ww)	әзілдеу	[æzɪldew]
graven (ww)	қазу	[qazw]
hebben (ww)	өзінде бар болу	[øzɪnde bar bɔlw]
helpen (ww)	көмектесу	[kømektesw]
herhalen (opnieuw zeggen)	қайталау	[qajtalaw]
honger hebben (ww)	жегісі келу	[ʒegɪsɪ kelw]
hopen (ww)	үмітену	[jumɪttenw]
horen (waarnemen met het oor)	есту	[estw]
huilen (wenen)	жылау	[ʒɪlaw]
huren (huis, kamer)	жалға алу	[ʒalɣa alw]
informeren (informatie geven)	мәлімдеу	[mælɪmdew]
instemmen (akkoord gaan)	көну	[kønw]
jagen (ww)	аулау	[awlaw]
kennen (kennis hebben van iemand)	білу	[bɪlw]
kiezen (ww)	таңдау	[taŋdaw]
klagen (ww)	арыздану	[arɪzdanw]
kosten (ww)	тұру	[turw]
kunnen (ww)	істей алу	[ɪstej alw]

lachen (ww)	күлу	[kylw]
laten vallen (ww)	түсіру	[tysɪrw]
lezen (ww)	оқу	[ɔqw]
liefhebben (ww)	жақсы көру	[ʒaqsɪ kørw]
lunchen (ww)	түскі тамақ жеу	[tyskɪ tamaq ʒew]
nemen (ww)	алу	[alw]
nodig zijn (ww)	керек болу	[kerek bɔlw]

12. De belangrijkste werkwoorden. Deel 3

onderschatten (ww)	бағаламау	[baɣalamaw]
ondertekenen (ww)	қол қою	[qɔl qɔju]
ontbijten (ww)	ертеңгі тамақты ішу	[erteŋgɪ tamaqtɪ ɪʃw]
openen (ww)	ашу	[aʃw]
ophouden (ww)	доғару	[dɔɣarw]
opmerken (zien)	байқап қалу	[bajqap qalw]

opscheppen (ww)	мақтану	[maqtanw]
opschrijven (ww)	жазу	[ʒazw]
plannen (ww)	жоспарлау	[ʒɔsparlaw]
prefereren (verkiezen)	артық көру	[artɪq kørw]
proberen (trachten)	байқап көру	[bajqap kørw]
redden (ww)	құтқару	[qʊtqarw]

rekenen op ...	үміт арту ...	[jumɪt artw]
rennen (ww)	жүгіру	[ʒygɪrw]
reserveren (een hotelkamer ~)	кейінге сақтау	[kejɪŋe saqtaw]
roepen (om hulp)	жәрдемге шақыру	[ʒærdemge ʃaqɪrw]
schieten (ww)	ату	[atw]
schreeuwen (ww)	айғайлау	[ajɣajlaw]

schrijven (ww)	жазу	[ʒazw]
souperen (ww)	кешкі тамақ ішу	[keʃkɪ tamaq ɪʃw]
spelen (kinderen)	ойнау	[ɔjnaw]
spreken (ww)	сөйлесу	[søjlesw]

stelen (ww)	ұрлау	[ʊrlaw]
stoppen (pauzeren)	тоқтау	[tɔqtaw]

studeren (Nederlands ~)	зерттеу	[zerttew]
sturen (zenden)	жөнелту	[ʒøneltw]
tellen (optellen)	санау	[sanaw]
toebehoren ...	меншігі болу	[menʃɪgɪ bɔlw]

toestaan (ww)	рұқсат ету	[rʊqsat etw]
tonen (ww)	көрсету	[kørsetw]

twijfelen (onzeker zijn)	шүбәлану	[ʃybælanw]
uitgaan (ww)	шығу	[ʃɪɣw]
uitnodigen (ww)	шақыру	[ʃaqɪrw]
uitspreken (ww)	айту	[ajtw]
uitvaren tegen (ww)	ұрсу	[ʊrsw]

13. De belangrijkste werkwoorden. Deel 4

vallen (ww)	құлау	[qʊlaw]
vangen (ww)	ұстау	[ʊstaw]
veranderen (anders maken)	өзгерту	[øzgertw]
verbaasd zijn (ww)	таңдану	[taŋdanw]
verbergen (ww)	жасыру	[ʒasɯrw]
verdedigen (je land ~)	қорғау	[qɔrɣaw]
verenigen (ww)	біріктіру	[bɪrɪktɪry]
vergelijken (ww)	салыстыру	[salɯstɯrw]
vergeten (ww)	ұмыту	[ʊmɯtw]
vergeven (ww)	кешіру	[keʃɪrw]
verklaren (uitleggen)	түсіндіру	[tysɪndɪrw]
verkopen (per stuk ~)	сату	[satw]
vermelden (praten over)	атау	[ataw]
versieren (decoreren)	әсемдеу	[æsemdew]
vertalen (ww)	аудару	[awdarw]
vertrouwen (ww)	сену	[senw]
vervolgen (ww)	жалғастыру	[ʒalɣastɯrw]
verwarren (met elkaar ~)	қателесу	[qateleʃw]
verzoeken (ww)	сұрау	[sʊraw]
verzuimen (school, enz.)	өткізу	[øtkɪzw]
vinden (ww)	табу	[tabw]
vliegen (ww)	ұшу	[ʊʃw]
volgen (ww)	артынан еру	[artɯnan erw]
voorstellen (ww)	ұсыну	[ʊsɯnw]
voorzien (verwachten)	алдағыны болжап білу	[aldaɣɯnɯ bɔlʒap bɪlw]
vragen (ww)	сұрау	[sʊraw]
waarnemen (ww)	бақылау	[baqɯlaw]
waarschuwen (ww)	ескерту	[eskertw]
wachten (ww)	тосу	[tɔsw]
weerspreken (ww)	қарсы айту	[qarsɯ ajtw]
weigeren (ww)	бас тарту	[bas tartw]
werken (ww)	жұмыс істеу	[ʒʊmɯs ɪstew]
weten (ww)	білу	[bɪlw]
willen (verlangen)	тілеу	[tɪlew]
zeggen (ww)	айту	[ajtw]
zich haasten (ww)	асығу	[asɯɣw]
zich interesseren voor …	көңіл қою	[køŋɪl qɔju]
zich vergissen (ww)	қателесу	[qateleʃw]
zich verontschuldigen	кешірім сұрау	[keʃɪrɪm sʊraw]
zien (ww)	көру	[kørw]
zijn (ww)	болу	[bɔlw]
zoeken (ww)	іздеу	[ɪzdew]
zwemmen (ww)	жүзу	[ʒyzw]
zwijgen (ww)	үндемеу	[jundemew]

14. Kleuren

kleur (de)	түс	[tys]
tint (de)	түс	[tys]
kleurnuance (de)	түс	[tys]
regenboog (de)	кемпірқосақ	[kempırqɔsaq]
wit (bn)	ақ	[aq]
zwart (bn)	қара	[qara]
grijs (bn)	сұр	[sʊr]
groen (bn)	жасыл	[ʒasıl]
geel (bn)	сары	[sarı]
rood (bn)	қызыл	[qızıl]
blauw (bn)	көк	[køk]
lichtblauw (bn)	көгілдір	[køgiʎdır]
roze (bn)	қызғылт	[qızɣılt]
oranje (bn)	сарғылт	[sarɣılt]
violet (bn)	күлгін	[kylgın]
bruin (bn)	қоңыр	[qɔɲır]
goud (bn)	алтын	[altın]
zilverkleurig (bn)	күміс түсті	[kymıs tystı]
beige (bn)	ақшыл сары	[aqʃıl sarı]
roomkleurig (bn)	ақшыл сары	[aqʃıl sarı]
turkoois (bn)	көк	[køk]
kersrood (bn)	шие түсті	[ʃie tystı]
lila (bn)	ақшыл көк	[aqʃıl køk]
karmijnrood (bn)	қызыл күрең	[qızıl kyreŋ]
licht (bn)	ашық	[aʃıq]
donker (bn)	қоңыр	[qɔnır]
fel (bn)	айқын	[ajqın]
kleur-, kleurig (bn)	түрлі-түсті	[tyrlı tystı]
kleuren- (abn)	түрлі-түсті	[tyrlı tystı]
zwart-wit (bn)	қара-ала	[qara ala]
eenkleurig (bn)	бір түсті	[bır tystı]
veelkleurig (bn)	алабажақ	[alabaʒaq]

15. Vragen

Wie?	Кім?	[kım]
Wat?	Не?	[ne]
Waar?	Қайда?	[qajda]
Waarheen?	Қайда?	[qajda]
Waar ... vandaan?	Қайдан?	[qajdan]
Wanneer?	Қашан?	[qaʃan]
Waarom?	Неге?	[nege]
Waarom?	Неге?	[nege]
Waarvoor dan ook?	Не үшін?	[ne juʃın]

Hoe?	Қалай?	[qalaj]
Wat voor …?	Қандай?	[qandaj]
Welk?	Нешінші?	[neʃınʃı]
Aan wie?	Кімге?	[kımge]
Over wie?	Кім туралы?	[kım twralı]
Waarover?	Не жөнінде?	[ne ʒønınde]
Met wie?	Кіммен?	[kımmen]
Hoeveel? (telb.)	Қанша?	[qanʃa]
Van wie? (mann.)	Кімнің?	[kımnıŋ]

16. Voorzetsels

met (bijv. ~ beleg)	бірге	[bırge]
zonder (~ accent)	онсыз	[ɔnsız]
naar (in de richting van)	-да, -де; -та, -те	[da], [de], [ta], [te]
over (praten ~)	туралы	[twralı]
voor (in tijd)	алдында	[aldında]
voor (aan de voorkant)	алдында	[aldında]
onder (lager dan)	астында	[astında]
boven (hoger dan)	үстінде	[justınde]
op (bovenop)	үстінде	[justınde]
van (uit, afkomstig van)	-дан, -ден; -тан, -тен	[dan], [den], [tan], [ten]
van (gemaakt van)	-дан, -ден; -тан, -тен	[dan], [den], [tan], [ten]
over (bijv. ~ een uur)	кейін, соң	[kejın], [sɔŋ]
over (over de bovenkant)	кейін, соң	[kejın], [sɔŋ]

17. Functiewoorden. Bijwoorden. Deel 1

Waar?	Қайда?	[qajda]
hier (bw)	осында	[ɔsında]
daar (bw)	онда	[ɔnda]
ergens (bw)	әлде қайда	[æʎde qajda]
nergens (bw)	еш жерде	[eʃ ʒerde]
bij … (in de buurt)	қасында	[qasında]
bij het raam	терезеніңқасында	[terezenıŋqasında]
Waarheen?	Қайда?	[qajda]
hierheen (bw)	мұнда	[mʊnda]
daarheen (bw)	онда	[ɔnda]
hiervandaan (bw)	осы жерден	[ɔsı ʒerdeŋ]
daarvandaan (bw)	ол жақтан	[ɔl ʒaqtan]
dichtbij (bw)	жақын	[ʒaqın]
ver (bw)	алыс	[alıs]
in de buurt (van …)	қасында	[qasında]
vlakbij (bw)	жақын	[ʒaqın]

niet ver (bw)	алыс емес	[alıs emes]
linker (bn)	сол	[sɔl]
links (bw)	сол жақтан	[sɔl ʒaqtan]
linksaf, naar links (bw)	солға	[sɔlɣa]
rechter (bn)	оң	[ɔŋ]
rechts (bw)	оң жақтан	[ɔŋ ʒaqtan]
rechtsaf, naar rechts (bw)	оңға	[ɔŋɣa]
vooraan (bw)	алдынан	[aldınan]
voorste (bn)	алдыңғы	[aldıŋɣı]
vooruit (bw)	алға	[alɣa]
achter (bw)	артынан	[artınan]
van achteren (bw)	артынан	[artınan]
achteruit (naar achteren)	кейін	[kejın]
midden (het)	орта	[ɔrta]
in het midden (bw)	ортасында	[ɔrtasında]
opzij (bw)	бір бүйірден	[bır byjırden]
overal (bw)	барлық жерде	[barlıq ʒerde]
omheen (bw)	айнала	[ajnala]
binnenuit (bw)	іштен	[ıʃten]
naar ergens (bw)	әлдеқайда	[ældeqajda]
rechtdoor (bw)	тура	[twra]
terug (bijv. ~ komen)	кері	[kerı]
ergens vandaan (bw)	қайдан болсада	[qajdan bɔlsada]
ergens vandaan	қайдан болсада	[qajdan bɔlsada]
(en dit geld moet ~ komen)		
ten eerste (bw)	біріншіден	[bırınʃıden]
ten tweede (bw)	екіншіден	[ekınʃıden]
ten derde (bw)	үшіншіден	[juʃınʃıden]
plotseling (bw)	кенет	[kenet]
in het begin (bw)	басында	[basında]
voor de eerste keer (bw)	алғаш	[alɣaʃ]
lang voor ... (bw)	көп бұрын ...	[køp burın]
opnieuw (bw)	жаңадан	[ʒaŋadan]
voor eeuwig (bw)	мәңгі-бақи	[mæŋgı baqı]
nooit (bw)	еш уақытта	[eʃ waqıtta]
weer (bw)	тағы	[taɣı]
nu (bw)	енді	[endı]
vaak (bw)	жиі	[ʒı:]
toen (bw)	сол кезде	[sɔl kezde]
urgent (bw)	жедел	[ʒedel]
meestal (bw)	әдетте	[ædette]
trouwens, ...	айтпақшы	[ajtpaqʃı]
(tussen haakjes)		
mogelijk (bw)	мүмкін	[mymkın]
waarschijnlijk (bw)	мүмкін	[mymkın]

misschien (bw)	мүмкін	[mymkın]
trouwens (bw)	одан басқа …	[ɔdan basqa]
daarom …	сондықтан	[sɔndıqtan]
in weerwil van …	қарамастан …	[qaramastan]
dankzij …	арқасында …	[arqasında]
wat (vn)	не	[ne]
dat (vw)	не	[ne]
iets (vn)	осы	[ɔsı]
iets	бір нәрсе	[bır nærse]
niets (vn)	ештеңе	[eʃteŋe]
wie (~ is daar?)	кім	[kım]
iemand (een onbekende)	кейбіреу	[kejbırew]
iemand (een bepaald persoon)	біреу	[bırew]
niemand (vn)	ешкім	[eʃkım]
nergens (bw)	ешқайда	[eʃqajda]
niemands (bn)	ешкімнің	[eʃkımnıŋ]
iemands (bn)	біреудің	[bırewdıŋ]
zo (Ik ben ~ blij)	солай	[sɔlaj]
ook (evenals)	дәл осындай	[dæl ɔsındaj]
alsook (eveneens)	да, де	[da], [de]

18. Functiewoorden. Bijwoorden. Deel 2

Waarom?	Неге?	[nege]
om een bepaalde reden	неге екені белгісіз	[nege ekenı belgısız]
omdat …	өйткені …	[ɛjtkenı]
voor een bepaald doel	бірдеңеге	[bırdeŋege]
en (vw)	және	[ʒæne]
of (vw)	немесе	[nemese]
maar (vw)	бірақ	[bıraq]
voor (vz)	үшін	[juʃın]
te (~ veel mensen)	тым	[tım]
alleen (bw)	тек қана	[tek qana]
precies (bw)	дәл	[dæl]
ongeveer (~ 10 kg)	жуық	[ʒwıq]
omstreeks (bw)	шамамен	[ʃamamen]
bij benadering (bn)	шамасында	[ʃamasında]
bijna (bw)	дерлік	[derlık]
rest (de)	қалғаны	[qalɣanı]
elk (bn)	әр	[ær]
om het even welk	әрбіреу	[ærbırew]
veel (grote hoeveelheid)	көп	[køp]
veel mensen	көптеген	[køptegen]
iedereen (alle personen)	бүкіл	[bykıl]
in ruil voor …	айырбастау …	[ajırbastaw]

in ruil (bw)	орнына	[ɔrnɪnɑ]
met de hand (bw)	қолмен	[qɔlmen]
onwaarschijnlijk (bw)	күдікті	[kydɪktɪ]
waarschijnlijk (bw)	сірә	[sɪræ]
met opzet (bw)	әдейі	[ædejɪ]
toevallig (bw)	кездейсоқ	[kezdejsɔq]
zeer (bw)	өте	[øte]
bijvoorbeeld (bw)	мысалы	[mɪsɑlɪ]
tussen (~ twee steden)	арасында	[ɑrɑsɪndɑ]
tussen (te midden van)	арасында	[ɑrɑsɪndɑ]
zoveel (bw)	мұнша	[mʊnʃɑ]
vooral (bw)	әсіресе	[æsɪrese]

Basisbegrippen Deel 2

19. Dagen van de week

maandag (de)	дүйсенбі	[dyjsenbı]
dinsdag (de)	сейсенбі	[sejsenbı]
woensdag (de)	сәрсенбі	[sæsenbı]
donderdag (de)	бейсенбі	[bejsenbı]
vrijdag (de)	жұма	[ʒuma]
zaterdag (de)	сенбі	[senbı]
zondag (de)	жексенбі	[ʒeksenbı]
vandaag (bw)	бүгін	[bygın]
morgen (bw)	ертең	[erteŋ]
overmorgen (bw)	бүрсігүні	[byrsıguni]
gisteren (bw)	кеше	[keʃæ]
eergisteren (bw)	алдыңғы күні	[aldıŋɣı kynı]
dag (de)	күн	[kyn]
werkdag (de)	жұмыс күні	[ʒumıs kynı]
feestdag (de)	мерекелік күн	[merekelık kyn]
verlofdag (de)	демалыс күні	[demalıs kynı]
weekend (het)	демалыс	[demalıs]
de hele dag (bw)	күні бойы	[kynı bojı]
de volgende dag (bw)	ертесіне	[ertesıne]
twee dagen geleden	екі күн кері	[ekı kyn kerı]
aan de vooravond (bw)	қарсаңында	[qarsaŋında]
dag-, dagelijks (bn)	күнделікті	[kyndelıktı]
elke dag (bw)	күнбе-күн	[kynbe kun]
week (de)	апта	[apta]
vorige week (bw)	өткен жұмада	[øtken ʒumada]
volgende week (bw)	келесі жұмада	[kelesı ʒumada]
wekelijks (bn)	апталық	[aptalıq]
elke week (bw)	апта сайын	[apta sajın]
twee keer per week	жұмада екі рет	[ʒumada ekı ret]
elke dinsdag	сейсенбі сайын	[sejsenbı sajın]

20. Uren. Dag en nacht

morgen (de)	таң	[taŋ]
's morgens (bw)	таңертеңгілік	[taŋerteŋgılık]
middag (de)	тал түс	[tal tys]
's middags (bw)	түстен кейін	[tysten kejın]
avond (de)	кеш	[keʃ]
's avonds (bw)	кешке	[keʃke]

nacht (de)	түн	[tyn]
's nachts (bw)	түнде	[tynde]
middernacht (de)	түн жарымы	[tyn ʒarımı]
seconde (de)	секунд	[sekwnd]
minuut (de)	минут	[mınwt]
uur (het)	сағат	[saɣat]
halfuur (het)	жарты сағат	[ʒartı saɣat]
kwartier (het)	он бес минут	[ɔn bes mınwt]
vijftien minuten	он бес минут	[ɔn bes mınwt]
etmaal (het)	тәулік	[tæwlık]
zonsopgang (de)	күннің шығуы	[kyŋıŋ ʃıɣwı]
dageraad (de)	таң ату	[taŋ atw]
vroege morgen (de)	азан	[azan]
zonsondergang (de)	күннің батуы	[kyŋıŋ batwı]
's morgens vroeg (bw)	таңертең	[taŋerteŋ]
vanmorgen (bw)	бүгін ертеңмен	[bygın erteŋmen]
morgenochtend (bw)	ертеңертеңгісін	[erteŋ erteŋgısın]
vanmiddag (bw)	бүгін күндіз	[bygın kyndız]
's middags (bw)	түстен кейін	[tysten kejın]
morgenmiddag (bw)	ертең түстен кейін	[erteŋ tysten kejın]
vanavond (bw)	бүгін кешке	[bygın keʃke]
morgenavond (bw)	ертең кешке	[erteŋ keʃke]
klokslag drie uur	сағат дәл үште	[saɣat dæl juʃte]
ongeveer vier uur	сағат төртке қарай	[saɣat tørtke qaraj]
tegen twaalf uur	сағат он екіге қарай	[saɣat ɔn ekıge qaraj]
over twintig minuten	жиырма минуттан соң	[ʒiːrma mınwttan sɔŋ]
over een uur	бір сағаттан соң	[bır saɣattan sɔŋ]
op tijd (bw)	дәл кезінде	[dæl kezınde]
kwart voor ...	он бес минутсыз	[ɔn bes mınwtsız]
binnen een uur	сағат бойында	[saɣat bɔjında]
elk kwartier	әр он бес минут сайын	[ær ɔn bes mınwt sajın]
de klok rond	тәулік бойы	[tæwlık bɔjı]

21. Maanden. Seizoenen

januari (de)	қаңтар	[qaŋtar]
februari (de)	ақпан	[aqpan]
maart (de)	наурыз	[nawrız]
april (de)	сәуір	[sæwır]
mei (de)	мамыр	[mamır]
juni (de)	маусым	[mawsım]
juli (de)	шілде	[ʃılde]
augustus (de)	тамыз	[tamız]
september (de)	қыркүйек	[qırkyjek]
oktober (de)	қазан	[qazan]

november (de)	қараша	[qaraʃa]
december (de)	желтоқсан	[ʒeltɔqsan]

lente (de)	көктем	[køktem]
in de lente (bw)	көктемде	[køktemde]
lente- (abn)	көктемгі	[køktemgɪ]

zomer (de)	жаз	[ʒaz]
in de zomer (bw)	жазда	[ʒazda]
zomer-, zomers (bn)	жазғы	[ʒazɣɪ]

herfst (de)	күз	[kyz]
in de herfst (bw)	күзде	[kyzde]
herfst- (abn)	күздік	[kyzdɪk]

winter (de)	қыс	[qɪs]
in de winter (bw)	қыста	[qɪsta]
winter- (abn)	қысқы	[qɪsqɪ]

maand (de)	ай	[aj]
deze maand (bw)	осы айда	[ɔsɪ ajda]
volgende maand (bw)	келесі айда	[kelesɪ ajda]
vorige maand (bw)	өткен айда	[øtken ajda]

een maand geleden (bw)	бір ай кері	[bɪr aj kerɪ]
over een maand (bw)	бір айдан кейін	[bɪr ajdan kejɪn]
over twee maanden (bw)	екі айдан кейін	[ekɪ ajdan kejɪn]
de hele maand (bw)	ай бойы	[aj bɔjɪ]
een volle maand (bw)	ай бойы	[aj bɔjɪ]

maand-, maandelijks (bn)	ай сайынғы	[aj sajɪnɣɪ]
maandelijks (bw)	ай сайын	[aj sajɪn]
elke maand (bw)	әр айда	[ær ajda]
twee keer per maand	айда екі рет	[ajda ekɪ ret]

jaar (het)	жыл	[ʒɪl]
dit jaar (bw)	биылғы	[bɪ:lɣɪ]
volgend jaar (bw)	келесіжылы	[kelesɪʒɪlɪ]
vorig jaar (bw)	өткен жылы	[øtken ʒɪlɪ]

een jaar geleden (bw)	алдынғы жылы	[aldɪnɣɪ ʒɪlɪ]
over een jaar	бір жылдан кейін	[bɪr ʒɪldan kejɪn]
over twee jaar	екі жылдан кейін	[ekɪ ʒɪldan kejɪn]
het hele jaar	жыл бойы	[ʒɪl bɔjɪ]
een vol jaar	жыл бойы	[ʒɪl bɔjɪ]

elk jaar	әр жыл сайын	[ær ʒɪl sajɪn]
jaar-, jaarlijks (bn)	жыл сайынғы	[ʒɪl sajɪnɣɪ]
jaarlijks (bw)	жыл сайын	[ʒɪl sajɪn]
4 keer per jaar	жылына төрт рет	[ʒɪlɪna tørt ret]

datum (de)	сан	[san]
datum (de)	дата	[data]
kalender (de)	күнтізбе	[kyntɪzbe]
een half jaar	жарты жыл	[ʒartɪ ʒɪl]
zes maanden	жарты жылдық	[ʒartɪ ʒɪldɪq]

seizoen (bijv. lente, zomer)	маусым	[mawsım]
eeuw (de)	ғасыр	[ɣasır]

22. Meeteenheden

gewicht (het)	салмақ	[salmaq]
lengte (de)	ұзындық	[uzındıq]
breedte (de)	ен	[en]
hoogte (de)	биіктік	[bı:ktık]
diepte (de)	тереңдік	[terendık]
volume (het)	көлем	[kølem]
oppervlakte (de)	аумақ	[awmaq]
gram (het)	грамм	[gramm]
milligram (het)	миллиграм	[mıllıgram]
kilogram (het)	килограмм	[kılogramm]
ton (duizend kilo)	тонна	[tonɑ]
pond (het)	қадақ	[qadaq]
ons (het)	унция	[wntsıja]
meter (de)	метр	[metr]
millimeter (de)	миллиметр	[mıllımetr]
centimeter (de)	сантиметр	[santımetr]
kilometer (de)	километр	[kılometr]
mijl (de)	миля	[mıʎa]
duim (de)	дюйм	[dyjm]
voet (de)	фут	[fwt]
yard (de)	ярд	[jard]
vierkante meter (de)	шаршы метр	[ʃarʃı metr]
hectare (de)	гектар	[gektar]
liter (de)	литр	[lıtr]
graad (de)	градус	[gradws]
volt (de)	вольт	[vɔʎt]
ampère (de)	ампер	[amper]
paardenkracht (de)	ат күші	[at kyʃı]
hoeveelheid (de)	мөлшері	[mølʃærı]
een beetje ...	аздап ...	[azdap]
helft (de)	жарты	[ʒartı]
dozijn (het)	дөжна	[dɔʒna]
stuk (het)	дана	[dana]
afmeting (de)	көлем	[kølem]
schaal (bijv. ~ van 1 op 50)	масштаб	[masʃtab]
minimaal (bn)	ең азы	[eŋ azı]
minste (bn)	ең кіші	[eŋ kıʃı]
medium (bn)	орташа	[ɔrtaʃa]
maximaal (bn)	барынша көп	[barınʃa køp]
grootste (bn)	ең үлкен	[eŋ julken]

23. Containers

glazen pot (de)	банкі	[baŋkı]
blik (conserven~)	банкі	[baŋkı]
emmer (de)	шелек	[ʃælek]
ton (bijv. regenton)	бөшке	[bøʃke]
ronde waterbak (de)	леген	[legen]
tank (bijv. watertank-70-ltr)	бак	[bak]
heupfles (de)	құты	[qutı]
jerrycan (de)	канистр	[kanıstr]
tank (bijv. ketelwagen)	цистерна	[tsısterna]
beker (de)	сапты аяқ	[saptı ajaq]
kopje (het)	шыны аяқ	[ʃını ajaq]
schoteltje (het)	табақша	[tabaqʃa]
glas (het)	стақан	[staqan]
wijnglas (het)	бокал	[bokal]
steelpan (de)	кастрөл	[kastrøl]
fles (de)	шөлмек	[ʃølmek]
flessenhals (de)	ауыз	[awız]
karaf (de)	графин	[grafın]
kruik (de)	көзе	[køze]
vat (het)	ыдыс	[ıdıs]
pot (de)	құмыра	[qumıra]
vaas (de)	ваза	[vaza]
flacon (de)	шиша	[ʃıʃa]
flesje (het)	құты	[qutı]
tube (bijv. ~ tandpasta)	сықпалы сауыт	[sıqpalı sawıt]
zak (bijv. ~ aardappelen)	қап	[qap]
tasje (het)	пакет	[paket]
pakje (~ sigaretten, enz.)	десте	[deste]
doos (de)	қорап	[qorap]
kist (de)	жәшік	[ʒæʃık]
mand (de)	кәрзеңке	[kærzıŋke]

MENS

Mens. Het lichaam

24. Hoofd

hoofd (het)	бас	[bas]
gezicht (het)	бет	[bet]
neus (de)	мұрын	[mʊrın]
mond (de)	ауыз	[awız]
oog (het)	көз	[køz]
ogen (mv.)	көз	[køz]
pupil (de)	қарашық	[qaraʃıq]
wenkbrauw (de)	қас	[qas]
wimper (de)	кірпік	[kırpık]
ooglid (het)	қабақ	[qabaq]
tong (de)	тіл	[tıʎ]
tand (de)	тіс	[tıs]
lippen (mv.)	ерін	[erın]
jukbeenderen (mv.)	бет сүегі	[bet syegı]
tandvlees (het)	қызыл иек	[qızıl ıek]
gehemelte (het)	таңдай	[taŋdaj]
neusgaten (mv.)	танауы	[tanawı]
kin (de)	иек	[ıek]
kaak (de)	жақ	[ʒaq]
wang (de)	ұрт	[ʊrt]
voorhoofd (het)	маңдай	[maŋdaj]
slaap (de)	самай	[samaj]
oor (het)	құлақ	[qʊlaq]
achterhoofd (het)	желке	[ʒelke]
hals (de)	мойын	[mɔjın]
keel (de)	тамақ	[tamaq]
haren (mv.)	шаш	[ʃaʃ]
kapsel (het)	сәнденген шаш	[sændeŋen ʃaʃ]
haarsnit (de)	сәндеп қиылған шаш	[sændep qi:lɣan ʃaʃ]
pruik (de)	жасанды шаш	[ʒasandı ʃaʃ]
snor (de)	мұрт	[mʊrt]
baard (de)	сақал	[saqal]
dragen (een baard, enz.)	өсіру	[øsırw]
vlecht (de)	бұрым	[bʊrım]
bakkebaarden (mv.)	жақ сақал	[ʒaq saqal]
ros (roodachtig, rossig)	жирен	[ʒıren]
grijs (~ haar)	ақ шашты	[aq ʃaʃtı]

kaal (bn)	тақыр	[taqɯr]
kale plek (de)	бастың қасқасы	[bastɯŋ qasqasɯ]
paardenstaart (de)	құйыршық	[qwjɯrʃɯq]
pony (de)	кекіл	[kekɯl]

25. Menselijk lichaam

hand (de)	шашақ	[ʃaʃaq]
arm (de)	қол	[qɔl]
vinger (de)	саусақ	[sawsaq]
duim (de)	бас бармақ	[bas barmaq]
pink (de)	шынашақ	[ʃɯnaʃaq]
nagel (de)	тырнақ	[tɯrnaq]
vuist (de)	жұдырық	[ʒʊdɯrɯq]
handpalm (de)	алақан	[alaqan]
pols (de)	білезік сүйектер	[bɯlezɯk syjekter]
voorarm (de)	білек сүйектері	[bɯlek syjekterɯ]
elleboog (de)	шынтақ	[ʃɯntaq]
schouder (de)	иық	[ɯːq]
been (rechter ~)	аяқ	[ajaq]
voet (de)	табан	[taban]
knie (de)	тізе	[tɯze]
kuit (de)	балтыр	[baltɯr]
heup (de)	жая	[ʒaja]
hiel (de)	тақа	[taqa]
lichaam (het)	дене	[dene]
buik (de)	қарын	[qarɯn]
borst (de)	кеуде	[kewde]
borst (de)	емшек	[emʃæk]
zijde (de)	бүйір	[byjɯr]
rug (de)	арқа	[arqa]
lage rug (de)	белдеме	[beldeme]
taille (de)	бел	[bel]
navel (de)	кіндік	[kɯndɯk]
billen (mv.)	бөксе	[bøkse]
achterwerk (het)	бөксе	[bøkse]
huidvlek (de)	қал	[qal]
tatoeage (de)	татуировка	[tatwɯrɔvka]
litteken (het)	тыртық	[tɯrtɯq]

Kleding en accessoires

26. Bovenkleding. Jassen

kleren (mv.), kleding (de)	киім	[kɪːm]
bovenkleding (de)	сыртқы киім	[sɪrtqɪ kɪːm]
winterkleding (de)	қысқы киім	[qɪsqɪ kɪːm]
jas (de)	шапан	[ʃɑpɑn]
bontjas (de)	тон	[tɔn]
bontjasje (het)	қысқа тон	[qɪsqɑ tɔn]
donzen jas (de)	тұлып тон	[tʊlɪp tɔn]
jasje (bijv. een leren ~)	куртка	[kwrtkɑ]
regenjas (de)	жадағай	[ʒɑdɑɣɑj]
waterdicht (bn)	су өтпейтін	[sw øtpejtɪn]

27. Heren & dames kleding

overhemd (het)	көйлек	[køjlek]
broek (de)	шалбар	[ʃɑlbɑr]
jeans (de)	джинсы	[dʒɪnsɪ]
colbert (de)	пиджак	[pɪdʒak]
kostuum (het)	костюм	[kɔstym]
jurk (de)	көйлек	[køjlek]
rok (de)	белдемше	[beldemʃæ]
blouse (de)	блузка	[blwzkɑ]
wollen vest (de)	кеудеше	[kewdeʃæ]
T-shirt (het)	футболка	[fwtbɔlkɑ]
shorts (mv.)	дамбал	[dɑmbɑl]
trainingspak (het)	спорттық костюм	[spɔrttɪq kɔstym]
badjas (de)	шапан	[ʃɑpɑn]
pyjama (de)	түнгі жейде	[tyŋɪ ʒejde]
sweater (de)	свитер	[swɪter]
pullover (de)	пуловер	[pwlɔwer]
gilet (het)	желетке	[ʒeletke]
rokkostuum (het)	фрак	[frɑk]
smoking (de)	смокинг	[smɔkɪŋ]
uniform (het)	бірыңғай формалы киімдер	[bɪrɪŋɣɑj fɔrmɑlɪ kɪːmder]
werkkleding (de)	жұмыс киімі	[ʒʊmɪs kɪːmɪ]
overall (de)	комбинезон	[kɔmbɪnezɔn]
doktersjas (de)	шапан	[ʃɑpɑn]

28. Kleding. Ondergoed

ondergoed (het)	іш киім	[ıʃ kɪːm]
onderhemd (het)	ішкөйлек	[ıʃkøjlek]
sokken (mv.)	шұлық	[ʃʊlıq]
nachthemd (het)	түнгі көйлек	[tyŋı køjlek]
beha (de)	кеудеше	[kewdeʃæ]
kniekousen (mv.)	гольф	[gɔʌf]
panty (de)	шұлықдамбал	[ʃʊlıqdambal]
nylonkousen (mv.)	шұлық	[ʃʊlıq]
badpak (het)	шомылу костюмі	[ʃɔmılw kɔstymı]

29. Hoofddeksels

hoed (de)	телпек	[telpek]
deukhoed (de)	қалпақ	[qalpaq]
honkbalpet (de)	бейсболка	[bejsbɔlka]
kleppet (de)	кепеш	[kepeʃ]
baret (de)	берет	[beret]
kap (de)	капюшон	[kapyʃɔn]
panamahoed (de)	панама	[panama]
gebreide muts (de)	тоқыма телпек	[tɔqıma telpek]
hoofddoek (de)	орамал	[ɔramal]
dameshoed (de)	қалпақша	[qalpaqʃa]
veiligheidshelm (de)	каска	[kaska]
veldmuts (de)	пилотка	[pılɔtka]
helm, valhelm (de)	дулыға	[dwlıɣa]
bolhoed (de)	котелок	[kɔtelɔk]
hoge hoed (de)	цилиндр	[tsılındr]

30. Schoeisel

schoeisel (het)	аяқ киім	[ajaq kɪːm]
schoenen (mv.)	бөтеңке	[bætenke]
vrouwenschoenen (mv.)	туфли	[twflı]
laarzen (mv.)	етік	[etık]
pantoffels (mv.)	тәпішке	[tæpıʃke]
sportschoenen (mv.)	кроссовкалар	[krɔssɔvkalar]
sneakers (mv.)	кеды	[kedı]
sandalen (mv.)	сандал	[sandal]
schoenlapper (de)	аяқ киім жамаушы	[ajaq kɪːm ʒamawʃı]
hiel (de)	тақа	[taqa]
paar (een ~ schoenen)	қос	[qɔs]
veter (de)	бау	[baw]

rijgen (schoenen ~)	байлау	[bajlaw]
schoenlepel (de)	аяқ киімге қасық	[ajaq kɪːmɣe qasıq]
schoensmeer (de/het)	аяқ киімге жағатын крем	[ajaq kɪːmɣe ʒaɣatın kırem]

31. Persoonlijke accessoires

handschoenen (mv.)	биялай	[bıjalaj]
wanten (mv.)	қолғап	[qolɣap]
sjaal (fleece ~)	шарф	[ʃarf]
bril (de)	көзілдірік	[køzıldırık]
brilmontuur (het)	жиектеме	[ʒıekteme]
paraplu (de)	қол шатыр	[qol ʃatır]
wandelstok (de)	таяқ	[tajaq]
haarborstel (de)	тарақ	[taraq]
waaier (de)	желпігіш	[ʒelpıgıʃ]
das (de)	галстук	[galstwk]
strikje (het)	галстук-көбелек	[galstwk købelek]
bretels (mv.)	аспа	[aspa]
zakdoek (de)	қол орамал	[qol oramal]
kam (de)	тарақ	[taraq]
haarspeldje (het)	шаш қыстырғыш	[ʃaʃ qıstırɣıʃ]
schuifspeldje (het)	шаш түйрегіш	[ʃaʃ tyjregıʃ]
gesp (de)	айылбас	[ajılbas]
broekriem (de)	белдік	[beldık]
draagriem (de)	белдік	[beldık]
handtas (de)	сөмке	[sømke]
damestas (de)	әйел сөмкесі	[æjel sømkesı]
rugzak (de)	жолдорба	[ʒoldorba]

32. Kleding. Diversen

mode (de)	сән	[sæn]
de mode (bn)	сәнді	[sændı]
kledingstilist (de)	үлгіші	[julgıʃı]
kraag (de)	жаға	[ʒaɣa]
zak (de)	қалта	[qalta]
zak- (abn)	қалта	[qalta]
mouw (de)	жең	[ʒeŋ]
lusje (het)	ілгіш	[ıʎgıʃ]
gulp (de)	ілгек	[ılgek]
rits (de)	ілгек	[ılgek]
sluiting (de)	ілгек	[ılgek]
knoop (de)	түйме	[tyjme]
knoopsgat (het)	желкелік	[ʒelkelık]

losraken (bijv. knopen)	түймені үзіп алу	[tyjmenı juzıp alw]
naaien (kleren, enz.)	тігу	[tıgw]
borduren (ww)	кесте тігу	[keste tıgw]
borduursel (het)	кесте	[keste]
naald (de)	ине	[ıne]
draad (de)	жіп	[ʒıp]
naad (de)	тігіс	[tıgıs]
vies worden (ww)	былғану	[bılɣanw]
vlek (de)	дақ	[daq]
gekreukt raken (ov. kleren)	қырыстанып қалу	[qırıstanıp qalw]
scheuren (ov.ww.)	жырту	[ʒırtw]
mot (de)	күйе	[kyje]

33. Persoonlijke verzorging. Schoonheidsmiddelen

tandpasta (de)	тіс пастасы	[tıs pastası]
tandenborstel (de)	мәсуек	[mæswek]
tanden poetsen (ww)	тіс тазалау	[tıs tazalaw]
scheermes (het)	ұстара	[ustara]
scheerschuim (het)	қырынуға арналған крем	[qırınwɣa arnalɣan krem]
zich scheren (ww)	қырыну	[qırınw]
zeep (de)	сабын	[sabın]
shampoo (de)	сусабын	[swsabın]
schaar (de)	қайшы	[qajʃı]
nagelvijl (de)	тырнақ егеуіш	[tırnaq egewıʃ]
nagelknipper (de)	тістеуік	[tıstewık]
pincet (het)	іскек	[ıskek]
cosmetica (de)	косметика	[kɔsmetıka]
masker (het)	маска	[maska]
manicure (de)	маникюр	[manıkyr]
manicure doen	маникюр жасау	[manıkyr ʒasaw]
pedicure (de)	педикюр	[pedıkyr]
cosmetica tasje (het)	бояулар салатын сөмке	[bɔjawlar salatın sɔmke]
poeder (de/het)	опа	[ɔpa]
poederdoos (de)	опа сауыт	[ɔpa sawıt]
rouge (de)	еңлік	[eŋlık]
parfum (de/het)	иіс су	[ı:s sw]
eau de toilet (de)	иіссу	[ı:ssw]
lotion (de)	лосьон	[losʲon]
eau de cologne (de)	әтір	[ætır]
oogschaduw (de)	қабақ бояуы	[qabaq bɔjawı]
oogpotlood (het)	көзге арналған қарындаш	[køzge arnalɣan qarındaʃ]
mascara (de)	кірпік сүрмесі	[kırpık syrmesı]
lippenstift (de)	ерін далабы	[erın dalabı]
nagellak (de)	тырнақ арналған лак	[tırnaq arnalɣan lak]

| haarlak (de) | шашқа арналған лак | [ʃaʃqa arnalɣan lak] |
| deodorant (de) | дезодорант | [dezodorant] |

crème (de)	иісмай	[ɪːsmaj]
gezichtscrème (de)	бетке арналған крем	[betke arnalɣan krem]
handcrème (de)	қолға арналған крем	[qolɣa arnalɣan krem]
antirimpelcrème (de)	әжімге қарсы кремі	[æʒɪmge qarsɪ kremɪ]
dag- (abn)	күндізгі иісмай	[kyndɪzgɪ ɪːsmaj]
nacht- (abn)	түнгі иісмай	[tyŋɪ ɪːsmaj]

tampon (de)	тықпа	[tɪqpa]
toiletpapier (het)	дәрет қағазы	[dæret qaɣazɪ]
föhn (de)	шаш кептіргіш	[ʃaʃ keptɪrgɪʃ]

34. Horloges. Klokken

polshorloge (het)	сағат	[saɣat]
wijzerplaat (de)	циферблат	[tsɪferblat]
wijzer (de)	тіл	[tɪʎ]
metalen horlogeband (de)	білезік	[bɪlezɪk]
horlogebandje (het)	таспа	[taspa]

batterij (de)	батарейка	[batarejka]
leeg zijn (ww)	батарейка отырып қалды	[batarejka otɪrɪp qaldɪ]
batterij vervangen	батарейканы ауыстыру	[batarejkanɪ awɪstɪrw]
voorlopen (ww)	асығу	[asɪɣw]
achterlopen (ww)	кейіндеу	[kejɪndew]

wandklok (de)	қабырға сағат	[qabɪrɣa saɣat]
zandloper (de)	құм сағат	[qum saɣat]
zonnewijzer (de)	күн сағаты	[kyn saɣatɪ]
wekker (de)	оятар	[ojatar]
horlogemaker (de)	сағатшы	[saɣatʃɪ]
repareren (ww)	жөндеу	[ʒøndew]

Voedsel. Voeding

35. Voedsel

vlees (het)	ет	[et]
kip (de)	тауық	[tawıq]
kuiken (het)	балапан	[balapan]
eend (de)	үйрек	[jujrek]
gans (de)	қаз	[qaz]
wild (het)	құс	[qʊs]
kalkoen (de)	түйетауық	[tyjetawıq]
varkensvlees (het)	шошқа еті	[ʃɔʃqa etı]
kalfsvlees (het)	бұзау еті	[bʊzaw etı]
schapenvlees (het)	қой еті	[qɔj etı]
rundvlees (het)	сиыр еті	[sıːr etı]
konijnenvlees (het)	қоян еті	[qɔjan etı]
worst (de)	шұжық	[ʃʊʒıq]
saucijs (de)	сосиска	[sɔsıska]
spek (het)	бекон	[bekɔn]
ham (de)	ветчина	[wetʃına]
gerookte achterham (de)	сан ет	[san et]
paté, pastei (de)	бұқтырлған ет	[bʊqtırlɣan et]
lever (de)	бауыр	[bawır]
varkensvet (het)	тоң май	[tɔŋ maj]
gehakt (het)	турама	[twrama]
tong (de)	тіл	[tıʎ]
ei (het)	жұмыртқа	[ʒʊmırtqa]
eieren (mv.)	жұмыртқалар	[ʒʊmırtqalar]
eiwit (het)	ақуыз	[aqwız]
eigeel (het)	сарыуыз	[sarıwız]
vis (de)	балық	[balıq]
zeevruchten (mv.)	теңіз азығы	[teŋız azıɣı]
schaaldieren (mv.)	шаян тәрізділер	[ʃajan tærızdıler]
kaviaar (de)	уылдырық	[wıldırıq]
krab (de)	таңқышаян	[taŋqıʃajan]
garnaal (de)	асшаян	[asʃajan]
oester (de)	устрица	[wstrıtsa]
langoest (de)	лангуст	[laŋwst]
octopus (de)	сегізаяқ	[segızajaq]
inktvis (de)	кальмар	[kaʎmar]
steur (de)	бекіре еті	[bekıre etı]
zalm (de)	арқан балық	[arqan balıq]
heilbot (de)	палтус	[paltws]

kabeljauw (de)	нәлім	[nælɪm]
makreel (de)	скумбрия	[skwmbrɪja]
tonijn (de)	тунец	[twnets]
paling (de)	жыланбалық	[ʒɪlanbalıq]

forel (de)	бахтах	[bahtah]
sardine (de)	сардина	[sardɪna]
snoek (de)	шортан	[ʃɔrtan]
haring (de)	майшабақ	[majʃabaq]

brood (het)	нан	[nan]
kaas (de)	ірімшік	[ɪrɪmʃɪk]
suiker (de)	қант	[qant]
zout (het)	тұз	[tʊz]

rijst (de)	күріш	[kyrɪʃ]
pasta (de)	түтік кеспе	[tytık kespe]
noedels (mv.)	кеспе	[kespe]

boter (de)	сарымай	[sarımaj]
plantaardige olie (de)	өсімдік майы	[øsımdık majı]
zonnebloemolie (de)	күнбағыс майы	[kynbaɣıs majı]
margarine (de)	маргарин	[margarın]

| olijven (mv.) | зәйтүн | [zæjtyn] |
| olijfolie (de) | зәйтүн майы | [zæjtyn majı] |

melk (de)	сүт	[syt]
gecondenseerde melk (de)	қоюлатқан сүт	[qɔjulatqan syt]
yoghurt (de)	йогурт	[jogwrt]
zure room (de)	қаймақ	[qajmaq]
room (de)	кілегей	[kılegej]

| mayonaise (de) | майонез | [majonez] |
| crème (de) | крем | [krem] |

graan (het)	жарма	[ʒarma]
meel (het), bloem (de)	ұн	[ʊn]
conserven (mv.)	консервілер	[kɔnservıler]

maïsvlokken (mv.)	жүгері жапалақтары	[ʒygeri ʒapalaqtarı]
honing (de)	бал	[bal]
jam (de)	джем	[dʒem]
kauwgom (de)	сағыз	[saɣız]

36. Drankjes

water (het)	су	[sw]
drinkwater (het)	ішетін су	[ıʃætın sw]
mineraalwater (het)	минералды су	[mıneraldı sw]

zonder gas	газсыз	[gazsız]
koolzuurhoudend (bn)	газдалған	[gazdalɣan]
bruisend (bn)	газдалған	[gazdalɣan]

IJs (het)	мұз	[mʊz]
met ijs	мұзбен	[mʊzben]

alcohol vrij (bn)	алкогольсыз	[alkɔgɔʎsɯz]
alcohol vrije drank (de)	алкогольсыз сусын	[alkɔgɔʎsɯz swsɯn]
frisdrank (de)	салқындататын сусын	[salqɯndatatɯn swsɯn]
limonade (de)	лимонад	[lɯmɔnad]

alcoholische dranken (mv.)	алкогольды ішімдіктер	[alkɔgɔʎdɯ ɯʃɯmdɯkter]
wijn (de)	шарап	[ʃarap]
witte wijn (de)	ақшарап	[aqʃarap]
rode wijn (de)	қызыл шарап	[qɯzɯl ʃarap]

likeur (de)	ликер	[lɯker]
champagne (de)	аққайнар	[aqqajnar]
vermout (de)	вермут	[wermwt]

whisky (de)	виски	[wɯskɯ]
wodka (de)	арақ	[araq]
gin (de)	жын	[ʒɯn]
cognac (de)	коньяк	[kɔnjak]
rum (de)	ром	[rɔm]

koffie (de)	кофе	[kɔfe]
zwarte koffie (de)	қара кофе	[qara kɔfe]
koffie (de) met melk	кофе сүтпен	[kɔfe sytpen]
cappuccino (de)	кофе кілегеймен	[kɔfe kɯlegejmen]
oploskoffie (de)	ерігіш кофе	[erɯgɯʃ kɔfe]

melk (de)	сүт	[syt]
cocktail (de)	коктейль	[kɔktejʎ]
milkshake (de)	сүт коктейлі	[syt kɔktejlɯ]

sap (het)	шырын	[ʃɯrɯn]
tomatensap (het)	қызанақ шырыны	[qɯzanaq ʃɯrɯnɯ]
sinaasappelsap (het)	апельсин шырыны	[apeʎsɯn ʃɯrɯnɯ]
vers geperst sap (het)	жаңа сығылған шырын	[ʒaŋa sɯɣɯlɣan ʃɯrɯn]

bier (het)	сыра	[sɯra]
licht bier (het)	ақшыл сыра	[aqʃɯl sɯra]
donker bier (het)	қараңғы сырасы	[qaraŋɣɯ sɯrasɯ]

thee (de)	шай	[ʃaj]
zwarte thee (de)	қара шай	[qara ʃaj]
groene thee (de)	көк шай	[køk ʃaj]

37. Groenten

groenten (mv.)	көкөністер	[køkønɯster]
verse kruiden (mv.)	көкөніс	[køkønɯs]

tomaat (de)	қызанақ	[qɯzanaq]
augurk (de)	қияр	[qɯjar]
wortel (de)	сәбіз	[sæbɯz]

aardappel (de)	картоп	[kartɔp]
ui (de)	пияз	[pijaz]
knoflook (de)	сарымсақ	[sarımsaq]

kool (de)	қырыққабат	[qırıqqabat]
bloemkool (de)	түсті орамжапырақ	[tystı ɔramʒapıraq]
spruitkool (de)	брюсель орамжапырағы	[brysɛʎ ɔramʒapırayı]
broccoli (de)	брокколи орамжапырағы	[brɔkkɔlı ɔramʒapırayı]

rode biet (de)	қызылша	[qızılʃa]
aubergine (de)	кәді	[kædı]
courgette (de)	кәдіш	[kædıʃ]
pompoen (de)	асқабақ	[asqabaq]
raap (de)	шалқан	[ʃalqan]

peterselie (de)	ақжелкен	[aqʒelken]
dille (de)	аскөк	[askøk]
sla (de)	салат	[salat]
selderij (de)	балдыркөк	[baldırkøk]
asperge (de)	ақтық	[aqtıq]
spinazie (de)	саумалдық	[sawmaldıq]

erwt (de)	ноқат	[nɔqat]
bonen (mv.)	ірі бұршақтар	[ırı burʃaqtar]
maïs (de)	жүгері	[ʒygerı]
boon (de)	үрме бұршақ	[jurme burʃaq]

peper (de)	бұрыш	[burıʃ]
radijs (de)	шалғам	[ʃalγam]
artisjok (de)	бөрікгүл	[børıkgyl]

38. Vruchten. Noten

vrucht (de)	жеміс	[ʒemıs]
appel (de)	алма	[alma]
peer (de)	алмұрт	[almurt]
citroen (de)	лимон	[lımɔn]
sinaasappel (de)	апельсин	[apeʎsın]
aardbei (de)	құлпынай	[qulpınaj]

mandarijn (de)	мандарин	[mandarın]
pruim (de)	алхоры	[alhɔrı]
perzik (de)	шабдалы	[ʃabdalı]
abrikoos (de)	өрік	[ørık]
framboos (de)	таңқурай	[taŋqwraj]
ananas (de)	ананас	[ananas]

banaan (de)	банан	[banan]
watermeloen (de)	қарбыз	[qarbız]
druif (de)	жүзім	[ʒyzım]
zure kers (de)	кәдімгі шие	[kadımgı ʃie]
zoete kers (de)	қызыл шие	[qızıl ʃie]
meloen (de)	қауын	[qawın]
grapefruit (de)	грейпфрут	[grejpfrwt]

avocado (de)	авокадо	[avɔkadɔ]
papaja (de)	папайя	[papaja]
mango (de)	манго	[maŋɔ]
granaatappel (de)	анар	[anar]

rode bes (de)	қызыл қарақат	[qɪzɪl qaraqat]
zwarte bes (de)	қара қарақат	[qara qaraqat]
kruisbes (de)	қарлыған	[qarlɪɣan]
bosbes (de)	қара жидек	[qara ʒɪdek]
braambes (de)	қожақат	[qɔʒaqat]

rozijn (de)	мейіз	[mejɪz]
vijg (de)	інжір	[ɪnʒɪr]
dadel (de)	құрма	[qʊrma]

pinda (de)	жержаңғақ	[ʒerʒaŋɣaq]
amandel (de)	бадам	[badam]
walnoot (de)	жаңғақ	[ʒaŋɣaq]
hazelnoot (de)	аңаш жаңғағы	[aɣaʃ ʒaŋɣaɣɪ]
kokosnoot (de)	кокос жаңғақ	[kɔkɔs ʒaŋɣaq]
pistaches (mv.)	пісте	[pɪste]

39. Brood. Snoep

suikerbakkerij (de)	кондитер бұйымдары	[kɔndɪter bujɪmdarɪ]
brood (het)	нан	[nan]
koekje (het)	печенье	[petʃenje]

chocolade (de)	шоколад	[ʃɔkɔlad]
chocolade- (abn)	шоколад	[ʃɔkɔlad]
snoepje (het)	кәмпит	[kæmpɪt]
cakeje (het)	тәтті тоқаш	[tætti tɔqaʃ]
taart (bijv. verjaardags~)	торт	[tɔrt]

pastei (de)	бәліш	[bælɪʃ]
vulling (de)	салынды	[salɪndɪ]

confituur (de)	қайнатпа	[qajnatpa]
marmelade (de)	мармелад	[marmelad]
wafel (de)	вафли	[vaflɪ]
IJsje (het)	балмұздақ	[balmʊzdaq]
pudding (de)	пудинг	[pwdɪŋ]

40. Bereide gerechten

gerecht (het)	тағам	[taɣam]
keuken (bijv. Franse ~)	ұлттық тағамдар	[ʊlttɪq taɣamdar]
recept (het)	рецепт	[retsept]
portie (de)	мөлшер	[mølʃær]

salade (de)	салат	[salat]
soep (de)	көже	[køʒe]

bouillon (de)	сорпа	[sɔrpa]
boterham (de)	бутерброд	[bwterbrɔd]
spiegelei (het)	қуырылған жұмыртқа	[qwɪrɪlɣan ʒumɪrtqa]
hamburger (de)	котлет	[kɔtlet]
hamburger (de)	гамбургер	[gambwrger]
biefstuk (de)	бифштекс	[bɪfʃteks]
hutspot (de)	қуырдақ	[qwɪrdaq]
garnering (de)	гарнир	[garnɪr]
spaghetti (de)	спагетти	[spagettɪ]
aardappelpuree (de)	картоп езбесі	[kartɔp ezbesɪ]
pizza (de)	пицца	[pɪtsa]
pap (de)	ботқа	[bɔtqa]
omelet (de)	омлет	[ɔmlet]
gekookt (in water)	пісірілген	[pɪsɪrɪlgen]
gerookt (bn)	ысталған	[ɪstalɣan]
gebakken (bn)	қуырылған	[qwɪrɪlɣan]
gedroogd (bn)	кептірілген	[keptɪrɪlgen]
diepvries (bn)	мұздатылған	[muzdatɪlɣan]
gemarineerd (bn)	маринадталған	[marɪnadtalɣan]
zoet (bn)	тәтті	[tættɪ]
gezouten (bn)	тұзды	[tuzdɪ]
koud (bn)	суық	[swɪq]
heet (bn)	ыстық	[ɪstɪq]
bitter (bn)	ащы	[aɕɪ]
lekker (bn)	дәмді	[dæmdɪ]
koken (in kokend water)	пісіру	[pɪsɪrw]
bereiden (avondmaaltijd ~)	әзірлеу	[æzɪrlew]
bakken (ww)	қуыру	[qwɪrw]
opwarmen (ww)	ысыту	[ɪsɪtw]
zouten (ww)	тұздау	[tuzdaw]
peperen (ww)	бұрыш салу	[burɪʃ salw]
raspen (ww)	үйкеу	[jujkew]
schil (de)	қабық	[qabɪq]
schillen (ww)	аршу	[arʃw]

41. Kruiden

zout (het)	тұз	[tuz]
gezouten (bn)	тұзды	[tuzdɪ]
zouten (ww)	тұздау	[tuzdaw]
zwarte peper (de)	қара бұрыш	[qara burɪʃ]
rode peper (de)	қызыл бұрыш	[qɪzɪl burɪʃ]
mosterd (de)	қыша	[qɪʃa]
mierikswortel (de)	түбіртамыр	[tybɪrtamɪr]
condiment (het)	дәмдеуіш	[dæmdewɪʃ]
specerij , kruiderij (de)	дәмдеуіш	[dæmdewɪʃ]

saus (de)	тұздық	[tʊzdɯq]
azijn (de)	сірке суы	[sɯrke swɯ]
anijs (de)	анис	[anɯs]
basilicum (de)	насыбайгүл	[nasɯbajgyl]
kruidnagel (de)	қалампырғүл	[qalampɯrgyl]
gember (de)	имбирь	[ɯmbɯrʲ]
koriander (de)	кориандр	[kɔrɯandr]
kaneel (de/het)	даршын	[darʃɯn]
sesamzaad (het)	күнжіт	[kynʒɯt]
laurierblad (het)	лавр жапырағы	[lavr ʒapɯraɣɯ]
paprika (de)	паприка	[paprɯka]
komijn (de)	зире	[zɯre]
saffraan (de)	бәйшешек	[bæjʃæʃæk]

42. Maaltijden

eten (het)	тамақ	[tamaq]
eten (ww)	жеу	[ʒew]
ontbijt (het)	ертеңгілік тамақ	[erteŋgɯlɯk tamaq]
ontbijten (ww)	ертеңгі тамақты ішу	[erteŋgɯ tamaqtɯ ɯʃw]
lunch (de)	түскі тамақ	[tyskɯ tamaq]
lunchen (ww)	түскі тамақ жеу	[tyskɯ tamaq ʒew]
avondeten (het)	кешкі тамақ	[keʃkɯ tamaq]
souperen (ww)	кешкі тамақ ішу	[keʃkɯ tamaq ɯʃw]
eetlust (de)	тәбет	[tæbet]
Eet smakelijk!	Ас болсын!	[as bolsɯn]
openen (een fles ~)	аш	[aʃ]
morsen (koffie, enz.)	төгу	[tøgw]
zijn gemorst	төгілу	[tøgɯlw]
koken (water kookt bij 100°C)	қайнау	[qajnaw]
koken (Hoe om water te ~)	қайнату	[qajnatw]
gekookt (~ water)	қайнатылған	[qajnatɯlɣan]
afkoelen (koeler maken)	салқындату	[salqɯndatw]
afkoelen (koeler worden)	салқындау	[salqɯndaw]
smaak (de)	талғам	[talɣam]
nasmaak (de)	татым	[tatɯm]
volgen een dieet	арықтау	[arɯqtaw]
dieet (het)	диета	[dɯeta]
vitamine (de)	дәрумен	[dærwmen]
calorie (de)	калория	[kalɔrɯja]
vegetariër (de)	вегетариан	[wegetarɯan]
vegetarisch (bn)	вегетариандық	[wegetarɯandɯq]
vetten (mv.)	майлар	[majlar]
eiwitten (mv.)	ақуыз	[aqwɯz]
koolhydraten (mv.)	көміртегі	[kømɯrtegɯ]

snede (de)	тілім	[tılım]
stuk (bijv. een ~ taart)	кесек	[kesek]
kruimel (de)	үзім	[juzım]

43. Tafelschikking

lepel (de)	қасық	[qasıq]
mes (het)	пышақ	[pıʃaq]
vork (de)	шанышқы	[ʃanıʃqı]
kopje (het)	шыныаяқ	[ʃınıajaq]
bord (het)	тәрелке	[tærelke]
schoteltje (het)	табақша	[tabaqʃa]
servet (het)	майлық	[majlıq]
tandenstoker (de)	тіс тазартқыш	[tıs tazartqıʃ]

44. Restaurant

restaurant (het)	мейрамхана	[mejramhana]
koffiehuis (het)	кофехана	[kɔfehana]
bar (de)	бар	[bar]
tearoom (de)	шайхана	[ʃajhana]
kelner, ober (de)	даяшы	[dajaʃı]
serveerster (de)	даяшы	[dajaʃı]
barman (de)	бармен	[barmen]
menu (het)	мәзір	[mæzır]
wijnkaart (de)	шарап картасы	[ʃarap kartası]
een tafel reserveren	бронды үстел	[brɔndı justel]
gerecht (het)	тамақ	[tamaq]
bestellen (eten ~)	тапсырыс беру	[tapsırıs berw]
een bestelling maken	тапсырыс жасау	[tapsırıs ʒasaw]
aperitief (de/het)	аперитив	[aperıtıv]
voorgerecht (het)	дәмтатым	[dæmtatım]
dessert (het)	десерт	[desert]
rekening (de)	есеп	[esep]
de rekening betalen	есеп бойынша төлеу	[esep bɔjınʃa tølew]
wisselgeld teruggeven	төленгеннің артығын беру	[tøleŋenıŋ artıɣın berw]
fooi (de)	шайлық	[ʃajlıq]

Familie, verwanten en vrienden

45. Persoonlijke informatie. Formulieren

naam (de)	есім	[esım]
achternaam (de)	тек	[tek]
geboortedatum (de)	туған күні	[twɣan kynı]
geboorteplaats (de)	туған жері	[twɣan ʒerı]
nationaliteit (de)	ұлт	[ʊlt]
woonplaats (de)	тұратын мекені	[tʊratın mekenı]
land (het)	ел	[el]
beroep (het)	мамандық	[mamandıq]
geslacht (ov. het vrouwelijk ~)	жыныс	[ʒınıs]
lengte (de)	бой	[bɔj]
gewicht (het)	салмақ	[salmaq]

46. Familieleden. Verwanten

moeder (de)	ана	[ana]
vader (de)	әке	[æke]
zoon (de)	ұл	[ʊl]
dochter (de)	қыз	[qız]
jongste dochter (de)	кіші қыз	[kıʃı qız]
jongste zoon (de)	кіші ұл	[kıʃı ʊl]
oudste dochter (de)	үлкен қыз	[juʌken qız]
oudste zoon (de)	үлкен ұл	[juʌken ʊl]
broer (de)	бауыр	[bawır]
oudere broer (de)	аға	[aɣa]
jongere broer (de)	іні	[ını]
zuster (de)	қарындас	[qarındas]
oudere zuster (de)	апа	[apa]
jongere zuster (de)	сіңлі	[sıŋlı]
neef (zoon van oom/tante)	немере аға	[nemere aɣa]
nicht (dochter van oom/tante)	немере әпке	[ne'mere apke]
mama (de)	апа	[apa]
papa (de)	әке	[æke]
ouders (mv.)	әке-шеше	[ækeʃæʃæ]
kind (het)	бала	[bala]
kinderen (mv.)	балалар	[balalar]
oma (de)	әже	[æʒe]
opa (de)	ата	[ata]

kleinzoon (de)	немере, жиен	[nemere], [ʒıen]
kleindochter (de)	немере қыз, жиен қыз	[nemere qız], [ʒıen qız]
kleinkinderen (mv.)	немерелер	[nemereler]
oom (de)	аға	[aɣa]
tante (de)	тәте	[tæte]
neef (zoon van broer/zus)	жиен, ини	[ʒıen], [ını]
nicht (dochter van broer/zus)	жиен	[ʒıen]
schoonmoeder (de)	ене	[ene]
schoonvader (de)	қайын ата	[qajın ata]
schoonzoon (de)	жездей	[ʒezdej]
stiefmoeder (de)	өгей ана	[øgej ana]
stiefvader (de)	өгей әке	[øgej æke]
zuigeling (de)	емшек баласы	[emʃæk balası]
wiegenkind (het)	бөбек	[bøbek]
kleuter (de)	бөбек	[bøbek]
vrouw (de)	әйел	[æjel]
man (de)	еркек	[erkek]
echtgenoot (de)	күйеу	[kyjew]
echtgenote (de)	әйел	[æjel]
gehuwd (mann.)	үйленген	[jujleŋen]
gehuwd (vrouw.)	күйеуге шыққан	[kyjewge ʃıqqan]
ongehuwd (mann.)	бойдақ	[bɔjdaq]
vrijgezel (de)	бойдақ	[bɔjdaq]
gescheiden (bn)	ажырасқан	[aʒırasqan]
weduwe (de)	жесір әйел	[ʒesır æjel]
weduwnaar (de)	тұл ер адам	[tʊl er adam]
familielid (het)	туысқан	[twısqan]
dichte familielid (het)	жақын туысқан	[ʒaqın twısqan]
verre familielid (het)	алыс ағайын	[alıs aɣajın]
familieleden (mv.)	туған-туысқандар	[twɣantwısqandar]
wees (de), weeskind (het)	жетім бала	[ʒetım bala]
voogd (de)	қамқоршы	[qamqɔrʃı]
adopteren (een jongen te ~)	бала қылып алу	[bala qılıp alw]
adopteren (een meisje te ~)	қыз етіп асырап алу	[qız etıp asırap alw]

Geneeskunde

47. Ziekten

ziekte (de)	науқас	[nawqas]
ziek zijn (ww)	науқастану	[nawqastanw]
gezondheid (de)	денсаулық	[densawlıq]
snotneus (de)	тұмау	[tʊmaw]
angina (de)	ангина	[aŋına]
verkoudheid (de)	суық тию	[swıq tiju]
verkouden raken (ww)	суық тигізіп алу	[swıq tıgızıp alw]
bronchitis (de)	бронхит	[brɔnhıt]
longontsteking (de)	өкпенің талаурауы	[økpenıŋ talawrawı]
griep (de)	тұмау	[tʊmaw]
bijziend (bn)	алыстан көрмейтін	[alıstan kørmejtın]
verziend (bn)	алыс көргіш	[alıs kørgıʃ]
scheelheid (de)	шапыраш	[ʃapıraʃ]
scheel (bn)	шапыраш	[ʃapıraʃ]
grauwe staar (de)	шел	[ʃæl]
glaucoom (het)	глаукома	[glawkɔma]
beroerte (de)	инсульт	[ınswʌt]
hartinfarct (het)	инфаркт	[ınfarkt]
myocardiaal infarct (het)	миокард инфарктісі	[mıɔkard ınfarktısı]
verlamming (de)	сал	[sal]
verlammen (ww)	сал болу	[sal bɔlw]
allergie (de)	аллергия	[allergıja]
astma (de/het)	демікпе	[demıkpe]
diabetes (de)	диабет	[dıabet]
tandpijn (de)	тіс ауруы	[tıs awrwı]
tandbederf (het)	тістотық	[tıstɔtıq]
diarree (de)	іш ауру	[ıʃ awrw]
constipatie (de)	іш қату	[ıʃ qatw]
maagstoornis (de)	асқазанның бұзылуы	[asqazaŋıŋ bʊzılwı]
voedselvergiftiging (de)	улану	[wlanw]
voedselvergiftiging oplopen	улану	[wlanw]
artritis (de)	шорбуын	[ʃɔrbwın]
rachitis (de)	итауру	[ıtawrw]
reuma (het)	ревматизм	[revmatızm]
arteriosclerose (de)	умытшақтық	[wmıtʃaqtıq]
gastritis (de)	гастрит	[gastrıt]
blindedarmontsteking (de)	аппендицит	[appendıtsıt]

galblaasontsteking (de)	өт қабының қабынуы	[øt qabınıŋ qabınwı]
zweer (de)	ойық жара	[ɔjıq ʒara]
mazelen (mv.)	қызылша	[qızılʃa]
rodehond (de)	қызамық	[qızamıq]
geelzucht (de)	сарылық	[sarılıq]
leverontsteking (de)	бауыр қабынуы	[bawır qabınwı]
schizofrenie (de)	шизофрения	[ʃızɔfrenıja]
dolheid (de)	құтырғандық	[qutırɣandıq]
neurose (de)	невроз	[nevrɔz]
hersenschudding (de)	ми шақалауы	[mı ʃaqalawı]
kanker (de)	бейдауа	[bejdawa]
sclerose (de)	склероз	[sklerɔz]
multiple sclerose (de)	ұмытшақ склероз	[umıtʃaq sklerɔz]
alcoholisme (het)	маскүнемдік	[maskynemdık]
alcoholicus (de)	маскүнем	[maskynem]
syfilis (de)	сифилис	[sıfılıs]
AIDS (de)	ЖИТС	[ʒıts]
tumor (de)	ісік	[ısık]
koorts (de)	безгек	[bezgek]
malaria (de)	ұшық	[uʃıq]
gangreen (het)	гангрена	[gaŋrena]
zeeziekte (de)	теніз ауруы	[tenız awrwı]
epilepsie (de)	қояншық	[qɔjanʃıq]
epidemie (de)	жаппай ауру	[ʒappaj awrw]
tyfus (de)	кезік	[kezık]
tuberculose (de)	жегі	[ʒegı]
cholera (de)	тырысқақ	[tırısqaq]
pest (de)	мәлік	[mælık]

48. Symptomen. Behandelingen. Deel 1

symptoom (het)	белгі	[belgı]
temperatuur (de)	дене қызымы	[dene qızımı]
verhoogde temperatuur (de)	ыстығы көтерілу	[ıstıɣı kɔterılw]
polsslag (de)	тамыр соғуы	[tamır sɔɣwı]
duizeling (de)	бас айналу	[bas ajnalw]
heet (erg warm)	ыстық	[ıstıq]
koude rillingen (mv.)	қалтырау	[qaltıraw]
bleek (bn)	өңсіз	[øŋsız]
hoest (de)	жөтел	[ʒøtel]
hoesten (ww)	жөтелу	[ʒøtelw]
niezen (ww)	түшкіру	[tyʃkırw]
flauwte (de)	талу	[talw]
flauwvallen (ww)	талып қалу	[talıp qalw]
blauwe plek (de)	көгелген ет	[kɔgelgen et]
buil (de)	томпақ	[tɔmpaq]

zich stoten (ww)	ұрыну	[ʊrɪnw]
kneuzing (de)	жарақат	[ʒaraqat]
kneuzen (gekneusd zijn)	зақымдану	[zaqɪmdanw]
hinken (ww)	ақсаңдау	[aqsaŋdaw]
verstuiking (de)	буынын шығару	[bwɪnɪn ʃɪɣarw]
verstuiken (enkel, enz.)	шығып кету	[ʃɪɣɪp ketw]
breuk (de)	сыну	[sɪnw]
een breuk oplopen	сындырып алу	[sɪndɪrɪp alw]
snijwond (de)	жара	[ʒara]
zich snijden (ww)	кесу	[kesw]
bloeding (de)	қан кету	[qan ketw]
brandwond (de)	күйген жер	[kyjgen ʒer]
zich branden (ww)	кюю	[kʊju]
prikken (ww)	шаншу	[ʃanʃw]
zich prikken (ww)	шаншылу	[ʃanʃɪlw]
blesseren (ww)	зақымдау	[zaqɪmdaw]
blessure (letsel)	зақым	[zaqɪm]
wond (de)	жарақат	[ʒaraqat]
trauma (het)	жарақат	[ʒaraqat]
IJlen (ww)	еліру	[elɪrw]
stotteren (ww)	тұтығу	[tʊtɪɣw]
zonnesteek (de)	басынан күн өту	[basɪnan kyn øtw]

49. Symptomen. Behandelingen. Deel 2

pijn (de)	ауру	[awrw]
splinter (de)	тікен	[tɪken]
zweet (het)	тер	[ter]
zweten (ww)	терлеу	[terlew]
braking (de)	құсық	[qʊsɪq]
stuiptrekkingen (mv.)	түйілу	[tyjɪlw]
zwanger (bn)	жүкті	[ʒyktɪ]
geboren worden (ww)	туу	[tww]
geboorte (de)	босану	[bɔsanw]
baren (ww)	босану	[bɔsanw]
abortus (de)	түсік	[tysɪk]
ademhaling (de)	дем	[dem]
inademing (de)	дем тарту	[dem tartw]
uitademing (de)	дем шығару	[dem ʃɪɣarw]
uitademen (ww)	дем шығару	[dem ʃɪɣarw]
inademen (ww)	дем тарту	[dem tartw]
invalide (de)	мүгедек	[mygedek]
gehandicapte (de)	мүгедек	[mygedek]
drugsverslaafde (de)	нашақор	[naʃaqɔr]
doof (bn)	саңырау	[saŋɪraw]

stom (bn)	мылқау	[mɪlqaw]
doofstom (bn)	керең-мылқау	[kereŋ mɪlqaw]
krankzinnig (bn)	есуас	[eswas]
krankzinnige (man)	жынды	[ʒɪndɪ]
krankzinnige (vrouw)	жынды	[ʒɪndɪ]
krankzinnig worden	ақылдан айрылу	[aqɪldan ajrɪlw]
gen (het)	ген	[gen]
immuniteit (de)	иммунитет	[ɪmmwnɪtet]
erfelijk (bn)	мұралық	[mʊralɪq]
aangeboren (bn)	туа біткен ауру	[twa bɪtken awrw]
virus (het)	вирус	[wɪrws]
microbe (de)	микроб	[mɪkrɔb]
bacterie (de)	бактерия	[bakterɪja]
infectie (de)	індет	[ɪndet]

50. Symptomen. Behandelingen. Deel 3

ziekenhuis (het)	емхана	[emhana]
patiënt (de)	емделуші	[emdelwʃɪ]
diagnose (de)	диагноз	[dɪagnoz]
genezing (de)	емдеу	[emdew]
medische behandeling (de)	емдеу	[emdew]
onder behandeling zijn	емделу	[emdelw]
behandelen (ww)	емдеу	[emdew]
zorgen (zieken ~)	бағып-қағу	[baɣɪp qaɣw]
ziekenzorg (de)	бағып-қағу	[baɣɪp qaɣw]
operatie (de)	операция	[ɔperatsɪja]
verbinden (een arm ~)	матау	[mataw]
verband (het)	таңу	[taŋw]
vaccin (het)	екпе	[ekpe]
inenten (vaccineren)	егу	[egw]
injectie (de)	шаншу	[ʃanʃw]
een injectie geven	шаншу	[ʃanʃw]
amputatie (de)	ампутация	[ampwtatsɪja]
amputeren (ww)	ампутациялау	[ampwtatsɪjalaw]
coma (het)	кома	[kɔma]
in coma liggen	комада болу	[kɔmada bɔlw]
intensieve zorg, ICU (de)	реанимация	[reanɪmatsɪja]
zich herstellen (ww)	жазыла бастау	[ʒazɪla bastaw]
toestand (de)	хал	[hal]
bewustzijn (het)	ақыл-ой	[aqɪl ɔj]
geheugen (het)	ес	[es]
trekken (een kies ~)	жұлу	[ʒʊlw]
vulling (de)	пломба	[plɔmba]
vullen (ww)	пломба салу	[plɔmba salw]

hypnose (de)	гипноз	[gıpnɔz]
hypnotiseren (ww)	гипноздау	[gıpnɔzdaw]

51. Artsen

dokter, arts (de)	дәрігер	[dærıger]
ziekenzuster (de)	медбике	[medbıke]
lijfarts (de)	жеке дәрігер	[ʒeke dærıger]
tandarts (de)	тіс дәрігері	[tıs dærıgerı]
oogarts (de)	көз дәрігері	[køz dærıgerı]
therapeut (de)	терапевт	[terapevt]
chirurg (de)	хирург	[hırwrg]
psychiater (de)	психиатр	[psıhıatr]
pediater (de)	педиатр	[pedıatr]
psycholoog (de)	психолог	[psıhɔlɔg]
gynaecoloog (de)	гинеколог	[gınekɔlɔg]
cardioloog (de)	кардиолог	[kardıɔlɔg]

52. Geneeskunde. Medicijnen. Accessoires

geneesmiddel (het)	дәрі	[dærı]
middel (het)	дауа	[dawa]
voorschrijven (ww)	дәрі жазып беру	[dærı ʒazıp berw]
recept (het)	рецепт	[retsept]
tablet (de/het)	дәрі	[dærı]
zalf (de)	май	[maj]
ampul (de)	ампула	[ampwla]
drank (de)	микстура	[mıkstwra]
siroop (de)	шәрбат	[ʃærbat]
pil (de)	домалақ дәрі	[dɔmalaq dærı]
poeder (de/het)	ұнтақ	[ʊntaq]
verband (het)	бинт	[bınt]
watten (mv.)	мақта	[maqta]
jodium (het)	йод	[jod]
pleister (de)	лейкопластырь	[lejkɔplastır']
pipet (de)	тамызғыш	[tamızɣıʃ]
thermometer (de)	градусник	[gradwsnık]
spuit (de)	шприц	[ʃprıts]
rolstoel (de)	мүгедек күймесі	[mygedek kyjmesı]
krukken (mv.)	балдақтар	[baldaqtar]
pijnstiller (de)	ауыруды сездірмейтін дәрі	[awırwdı sezdırmejtın dærı]
laxeermiddel (het)	іш өткізгіш дәрі	[ıʃ øtkızgıʃ dærı]
spiritus (de)	спирт	[spırt]
medicinale kruiden (mv.)	шөп	[ʃøp]
kruiden- (abn)	шөпті	[ʃøptı]

HET MENSELIJKE LEEFGEBIED

Stad

53. Stad. Het leven in de stad

stad (de)	қала	[qala]
hoofdstad (de)	астана	[astana]
dorp (het)	ауыл	[awıl]
plattegrond (de)	қаланың жоспары	[qalanıŋ ʒɔsparı]
centrum (ov. een stad)	қаланың орталығы	[qalanıŋ ɔrtalıɣı]
voorstad (de)	қала маңы	[qala maŋı]
voorstads- (abn)	қала маңайы	[qala maŋajı]
randgemeente (de)	түкпір	[tykpır]
omgeving (de)	айнала-төңірек	[ajnalatøŋırek]
blok (huizenblok)	квартал	[kvartal]
woonwijk (de)	тұрғын квартал	[turɣın kvartal]
verkeer (het)	жүріс	[ʒyrıs]
verkeerslicht (het)	бағдаршам	[baɣdarʃam]
openbaar vervoer (het)	қала көлігі	[qala kølıgı]
kruispunt (het)	жол торабы	[ʒol tɔrabı]
zebrapad (oversteekplaats)	өтпелі	[øtpelı]
onderdoorgang (de)	жерасты өтпе жолы	[ʒerastı øtpe ʒɔlı]
oversteken (de straat ~)	өту	[øtw]
voetganger (de)	жаяу	[ʒajaw]
trottoir (het)	жаяулар жүретін жол	[ʒajawlar ʒyretın ʒɔl]
brug (de)	көпір	[køpır]
dijk (de)	жағалау	[ʒaɣalaw]
allee (de)	саяжол	[sajaʒɔl]
park (het)	саябақ	[sajabaq]
boulevard (de)	бульвар	[bwʎvar]
plein (het)	алаң	[alaŋ]
laan (de)	даңғыл	[daŋɣıl]
straat (de)	көше	[køʃæ]
zijstraat (de)	тұйық көше	[tujıq køʃæ]
doodlopende straat (de)	тұйық	[tujıq]
huis (het)	үй	[juj]
gebouw (het)	ғимарат	[ɣımarat]
wolkenkrabber (de)	зеңгір үй	[zeŋgır juj]
gevel (de)	фасад	[fasad]
dak (het)	шатыр	[ʃatır]

venster (het)	терезе	[tereze]
boog (de)	дарбаза	[darbaza]
pilaar (de)	колонна	[kɔlɔŋa]
hoek (ov. een gebouw)	бұрыш	[bʊrɪʃ]

vitrine (de)	көрме	[kørme]
gevelreclame (de)	маңдайша жазу	[maŋdajʃa ʒazw]
affiche (de/het)	жарқағаз	[ʒarqaɣaz]
reclameposter (de)	жарнамалық плакат	[ʒarnamalɪq plakat]
aanplakbord (het)	жарнама қалқаны	[ʒarnama qalqanɪ]

vuilnis (de/het)	қоқым-соқым	[qɔqɪm sɔqɪm]
vuilnisbak (de)	қоқыс салатын урна	[qɔqɪs salatɪn wrna]
afval weggooien (ww)	қоқыту	[qɔqɪtw]
stortplaats (de)	қоқыс тастайтын жер	[qɔqɪs tastajtɪn ʒer]

telefooncel (de)	телефон будкасі	[telefɔn bwdkasɪ]
straatlicht (het)	фонарь бағанасы	[fɔnarʲ baɣanasɪ]
bank (de)	орындық	[ɔrɪndɪq]

politieagent (de)	полицей	[pɔlɪtsej]
politie (de)	полиция	[pɔlɪtsɪja]
zwerver (de)	қайыршы	[qajɪrʃɪ]
dakloze (de)	үйсіз	[jujsɪz]

54. Stedelijke instellingen

winkel (de)	дүкен	[dyken]
apotheek (de)	дәріхана	[dærɪhana]
optiek (de)	оптика	[ɔptɪka]
winkelcentrum (het)	сауда орталығы	[sawda ɔrtalɪɣɪ]
supermarkt (de)	супермаркет	[swpermarket]

bakkerij (de)	тоқаш сататын дүкен	[tɔqaʃ satatɪn dyken]
bakker (de)	наубайшы	[nawbajʃɪ]
banketbakkerij (de)	кондитер	[kɔndɪter]
kruidenier (de)	бакалея	[bakaleja]
slagerij (de)	ет дүкені	[et dykenɪ]

groentewinkel (de)	көкөнісдүкені	[køkønɪsdykenɪ]
markt (de)	нарық	[narɪq]

koffiehuis (het)	кафе	[kafe]
restaurant (het)	мейрамхана	[mejramhana]
bar (de)	сырахана	[sɪrahana]
pizzeria (de)	пиццерия	[pɪtserɪja]

kapperssalon (de/het)	шаштараз	[ʃaʃtaraz]
postkantoor (het)	пошта	[pɔʃta]
stomerij (de)	химиялық тазалау	[hɪmɪjalɪq tazalaw]
fotostudio (de)	фотосурет шеберханасы	[fɔtɔswret ʃæberhanasɪ]

schoenwinkel (de)	аяқ киім дүкені	[ajaq kɪːm dykenɪ]
boekhandel (de)	кітап дүкені	[kɪtap dykenɪ]

sportwinkel (de)	спорт дүкені	[spɔrt dykenı]
kledingreparatie (de)	киім жөндеу	[kı:m ʒøndew]
kledingverhuur (de)	киімді жалға беру	[kı:mdı ʒalɣa berw]
videotheek (de)	фильмді жалға беру	[fıʌmdı ʒalɣa berw]
circus (de/het)	цирк	[tsırk]
dierentuin (de)	айуанаттар паркі	[ajwanattar parkı]
bioscoop (de)	кинотеатр	[kınɔteatr]
museum (het)	музей	[mwzej]
bibliotheek (de)	кітапхана	[kıtaphana]
theater (het)	театр	[teatr]
opera (de)	опера	[ɔpera]
nachtclub (de)	түнгі клуб	[tyŋı klwb]
casino (het)	казино	[kazınɔ]
moskee (de)	мешіт	[meʃıt]
synagoge (de)	синагога	[sınagɔga]
kathedraal (de)	кесене	[kesene]
tempel (de)	ғибадатхана	[ɣıbadathana]
kerk (de)	шіркеу	[ʃırkew]
instituut (het)	институт	[ınstıtwt]
universiteit (de)	университет	[wnıwersıtet]
school (de)	мектеп	[mektep]
gemeentehuis (het)	әкімшілік	[ækımʃılık]
stadhuis (het)	әкімдік	[ækımdık]
hotel (het)	қонақ үй	[qɔnaq juj]
bank (de)	банк	[baŋk]
ambassade (de)	елшілік	[elʃılık]
reisbureau (het)	туристік агенттік	[twrıstık agenttık]
informatieloket (het)	анықтама бюросы	[anıqtama byrɔsı]
wisselkantoor (het)	айырбас пункті	[ajırbas pwŋktı]
metro (de)	метро	[metrɔ]
ziekenhuis (het)	емхана	[emhana]
benzinestation (het)	жанармай	[ʒanarmaj]
parking (de)	тұрақ	[turaq]

55. Borden

gevelreclame (de)	маңдайша жазу	[maŋdajʃa ʒazw]
opschrift (het)	жазба	[ʒazba]
poster (de)	плакат	[plakat]
wegwijzer (de)	көрсеткіш	[kørsetkıʃ]
pijl (de)	тіл	[tıʌ]
waarschuwing (verwittiging)	алдын-ала ескерту	[aldın ala eskertw]
waarschuwingsbord (het)	ескерту	[eskertw]
waarschuwen (ww)	ескерту	[eskertw]
vrije dag (de)	демалыс күні	[demalıs kynı]

dienstregeling (de)	кесте	[keste]
openingsuren (mv.)	жұмыс сағаттары	[ʒumıs saɣattarı]
WELKOM!	ҚОШ КЕЛДІҢІЗДЕР!	[qoʃ keldıŋızder]
INGANG	КІРУ	[kırw]
UITGANG	ШЫҒУ	[ʃıɣw]
DUWEN	ИТЕРУ	[ıterw]
TREKKEN	ТАРТУ	[tartw]
OPEN	АШЫҚ	[aʃıq]
GESLOTEN	ЖАБЫҚ	[ʒabıq]
DAMES	ӘЙЕЛДЕР	[æjelder]
HEREN	ЕРКЕКТЕР	[ɛrkekter]
KORTING	ЖЕҢІЛДІКТЕР	[ʒeŋıldıkter]
UITVERKOOP	КӨТЕРЕ САТУ	[køtere satw]
NIEUW!	ЖАҢАЛЫҚ!	[ʒaŋalıq]
GRATIS	АҚЫСЫЗ	[aqısız]
PAS OP!	НАЗАР АУДАРЫҢЫЗ!	[nazar awdarıŋız]
VOLGEBOEKT	ОРЫН ЖОҚ	[orın ʒoq]
GERESERVEERD	БРОНЬДАЛҒАН	[broŋdalɣan]
ADMINISTRATIE	ӘКІМШІЛІК	[ækımʃılık]
ALLEEN VOOR PERSONEEL	ТЕК ҚЫЗМЕТКЕРЛЕР ҮШІН	[tek qızmetkerler juʃin]
GEVAARLIJKE HOND	ҚАБАҒАН ИТ	[qabaɣan ıt]
VERBODEN TE ROKEN!	ТЕМЕКІ ШЕКПЕҢІЗ!	[temekı ʃækpeŋız]
NIET AANRAKEN!	ҚОЛМЕН ҰСТАМАҢЫЗ!	[qolmen ustamaŋız]
GEVAARLIJK	ҚАУІПТІ	[qawıptı]
GEVAAR	ҚАУІП-ҚАТЕР	[qawıp qater]
HOOGSPANNING	ЖОҒАРЫ КЕРНЕУ	[ʒoɣarı kernew]
VERBODEN TE ZWEMMEN	ШОМЫЛУҒА ТЫЙЫМ САЛЫНАДЫ	[ʃomılwɣa tıjım salınadı]
BUITEN GEBRUIK	ІСТЕМЕЙДІ	[ıstemejdı]
ONTVLAMBAAR	ӨРТЕНГІШ	[ørteŋıʃ]
VERBODEN	ТЫЙЫМ САЛЫНАДЫ	[tıjım salınadı]
DOORGANG VERBODEN	ӨТУГЕ ТЫЙЫМ САЛЫНАДЫ	[øtwge tıjım salınadı]
OPGELET PAS GEVERFD	БОЯУЛЫ	[bojawlı]

56. Stedelijk vervoer

bus, autobus (de)	автобус	[avtobws]
tram (de)	трамвай	[tramvaj]
trolleybus (de)	троллейбус	[trollejbws]
route (de)	бағдар	[baɣdar]
nummer (busnummer, enz.)	нөмір	[nømır]
rijden met ...	... бару	[barw]
stappen (in de bus ~)	отыру	[otırw]

afstappen (ww)	шығу	[ʃɪɣw]
halte (de)	аялдама	[ajaldama]
volgende halte (de)	келесі аялдама	[kelesı ajaldama]
eindpunt (het)	соңғы аялдама	[sɔŋɣɪ ajaldama]
dienstregeling (de)	кесте	[keste]
wachten (ww)	тосу	[tɔsw]
kaartje (het)	билет	[bɪlet]
reiskosten (de)	билеттің құны	[bɪlettɪŋ qʊnɪ]
kassier (de)	кассир	[kassɪr]
kaartcontrole (de)	бақылау	[baqɪlaw]
controleur (de)	бақылаушы	[baqɪlawʃɪ]
te laat zijn (ww)	кешігу	[keʃɪgw]
missen (de bus ~)	кешігу	[keʃɪgw]
zich haasten (ww)	асығу	[asɪɣw]
taxi (de)	такси	[taksɪ]
taxichauffeur (de)	таксист	[taksɪst]
met de taxi (bw)	таксимен	[taksɪmen]
taxistandplaats (de)	такси тұрағы	[taksɪ tʊraɣɪ]
een taxi bestellen	такси жалдау	[taksɪ ʒaldaw]
een taxi nemen	такси жалдау	[taksɪ ʒaldaw]
verkeer (het)	көше қозғалысы	[køʃæ qɔzɣalɪsɪ]
file (de)	тығын	[tɪɣɪn]
spitsuur (het)	қарбалас сағаттары	[qarbalas saɣattarɪ]
parkeren (on.ww.)	көлікті қою	[kølıktɪ qɔju]
parkeren (ov.ww.)	көлікті қою	[kølıktɪ qɔju]
parking (de)	тұрақ	[tʊraq]
metro (de)	метро	[metrɔ]
halte (bijv. kleine treinhalte)	бекет	[beket]
de metro nemen	метромен жүру	[metrɔmen ʒyrw]
trein (de)	пойыз	[pɔjɪz]
station (treinstation)	вокзал	[vɔkzal]

57. Bezienswaardigheden

monument (het)	ескерткіш	[eskertkɪʃ]
vesting (de)	қамал	[qamal]
paleis (het)	сарай	[saraj]
kasteel (het)	сарай	[saraj]
toren (de)	мұнара	[mʊnara]
mausoleum (het)	мазар	[mazar]
architectuur (de)	сәулет	[sæwlet]
middeleeuws (bn)	орта ғасырлы	[ɔrta ɣasɪrlɪ]
oud (bn)	ескі	[eskɪ]
nationaal (bn)	ұлттық	[ʊlttɪq]
bekend (bn)	атаулы	[atawlɪ]
toerist (de)	турист	[twrɪst]
gids (de)	гид	[gɪd]

rondleiding (de)	экскурсия	[ɛkskwrsıja]
tonen (ww)	көрсету	[kørsetw]
vertellen (ww)	әңгімелеу	[æŋgımelew]

vinden (ww)	табу	[tabw]
verdwalen (de weg kwijt zijn)	жоғалу	[ӡɔɣalw]
plattegrond (~ van de metro)	схема	[shema]
plattegrond (~ van de stad)	жоспар	[ӡɔspar]

souvenir (het)	базарлық	[bazarlıq]
souvenirwinkel (de)	базарлық дүкені	[bazarlıq dwkenı]
een foto maken (ww)	суретке түсіру	[swretke tysırw]
zich laten fotograferen	суретке түсу	[swretke tysw]

58. Winkelen

kopen (ww)	сатып алу	[satıp alw]
aankoop (de)	сатып алынған зат	[satıp alınɣan zat]
winkelen (ww)	сауда жасау	[sawda ӡasaw]
winkelen (het)	шоппинг	[ʃɔppıŋ]

open zijn (ov. een winkel, enz.)	жұмыс істеу	[ӡʊmıs ıstew]
gesloten zijn (ww)	жабылу	[ӡabılw]

schoeisel (het)	аяқ киім	[ajaq kı:m]
kleren (mv.)	киім	[kı:m]
cosmetica (de)	косметика	[kɔsmetıka]
voedingswaren (mv.)	азық-түлік	[azıq tylık]
geschenk (het)	сыйлық	[sıjlıq]

verkoper (de)	сатушы	[satwʃı]
verkoopster (de)	сатушы	[satwʃı]

kassa (de)	касса	[kassa]
spiegel (de)	айна	[ajna]
toonbank (de)	сатушы сөресі	[satwʃı søresı]
paskamer (de)	киіну бөлмесі	[kı:nw bølmesı]

aanpassen (ww)	шақтап көру	[ʃaqtap kørw]
passen (ov. kleren)	жарасу	[ӡarasw]
bevallen (prettig vinden)	ұнау	[ʊnaw]

prijs (de)	баға	[baɣa]
prijskaartje (het)	бағалық	[baɣalıq]
kosten (ww)	тұру	[tʊrw]
Hoeveel?	Қанша?	[qanʃa]
korting (de)	шегерім	[ʃægerım]

niet duur (bn)	қымбат емес	[qımbat emes]
goedkoop (bn)	арзан	[arzan]
duur (bn)	қымбат	[qımbat]
Dat is duur.	бұл қымбат	[bʊl qımbat]
verhuur (de)	жалға беру	[ӡalɣa berw]

huren (smoking, enz.)	жалға алу	[ʒalɤa alw]
krediet (het)	несие	[nesɪe]
op krediet (bw)	несиеге	[nesɪege]

59. Geld

geld (het)	ақша	[aqʃa]
ruil (de)	айырбастау	[ajɪrbastaw]
koers (de)	курс	[kwrs]
geldautomaat (de)	банкомат	[baŋkɔmat]
muntstuk (de)	тиын	[tɪːn]
dollar (de)	доллар	[dɔllar]
euro (de)	еуро	[ewrɔ]
lire (de)	лира	[lɪra]
Duitse mark (de)	марка	[marka]
frank (de)	франк	[fraŋk]
pond sterling (het)	фунт-стерлинг	[fwnt sterlɪŋ]
yen (de)	йена	[jena]
schuld (geldbedrag)	қарыз	[qarɪz]
schuldenaar (de)	қарыздар	[qarɪzdar]
uitlenen (ww)	қарызға беру	[qarɪzɤa berw]
lenen (geld ~)	қарызға алу	[qarɪzɤa alw]
bank (de)	банкі	[baŋkɪ]
bankrekening (de)	шот	[ʃɔt]
op rekening storten	шотқа салу	[ʃɔtqa salw]
opnemen (ww)	шоттан шығару	[ʃɔttan ʃɪɤarw]
kredietkaart (de)	кредиттік карта	[kredɪttɪk karta]
baar geld (het)	қолма-қол ақша	[qɔlma qɔl aqʃa]
cheque (de)	чек	[tʃek]
een cheque uitschrijven	чек жазу	[tʃek ʒazw]
chequeboekje (het)	чек кітапшасы	[tʃek kɪtapʃasɪ]
portefeuille (de)	әмиян	[æmɪjan]
geldbeugel (de)	әмиян	[æmɪjan]
portemonnee (de)	әмиян	[æmɪjan]
safe (de)	жағдан	[ʒaɤdan]
erfgenaam (de)	мұрагер	[mʊrager]
erfenis (de)	мұра	[mʊra]
fortuin (het)	дәулет	[dæwlet]
huur (de)	жалгерлік	[ʒalgerlɪk]
huurprijs (de)	пәтер ақы	[pæter aqɪ]
huren (huis, kamer)	жалға алу	[ʒalɤa alw]
prijs (de)	баға	[baɤa]
kostprijs (de)	баға	[baɤa]
som (de)	сома	[sɔma]
uitgeven (geld besteden)	шығын қылу	[ʃɪɤɪn qɪlw]

kosten (mv.)	шығындар	[ʃɯɣɯndɑr]
bezuinigen (ww)	үнемдеу	[junemdew]
zuinig (bn)	үнемді	[junemdɯ]

betalen (ww)	төлеу	[tølew]
betaling (de)	төлем-ақы	[tølem ɑqɯ]
wisselgeld (het)	қайыру	[qɑjɯrw]

belasting (de)	салық	[sɑlɯq]
boete (de)	айыппұл	[ɑjɯppʊl]
beboeten (bekeuren)	айып салу	[ɑjɯp sɑlw]

60. Post. Postkantoor

postkantoor (het)	пошта	[poʃtɑ]
post (de)	пошта, хат және	[poʃtɑ], [hɑt ʒæne]
postbode (de)	пошташы	[poʃtɑʃɯ]
openingsuren (mv.)	жұмыс сағаттары	[ʒumɯs sɑɣɑttɑrɯ]

brief (de)	хат	[hɑt]
aangetekende brief (de)	тапсырыс хат	[tɑpsɯrɯs hɑt]
briefkaart (de)	ашық хат	[ɑʃɯq hɑt]
telegram (het)	жеделхат	[ʒedelhɑt]
postpakket (het)	сәлемдеме	[sælemdeme]
overschrijving (de)	ақша аударылымы	[ɑqʃɑ ɑwdɑrɯlɯmɯ]

ontvangen (ww)	алу	[ɑlw]
sturen (zenden)	жіберу	[ʒɯberw]
verzending (de)	жөнелту	[ʒøneltw]

adres (het)	мекен жай	[meken ʒɑj]
postcode (de)	индекс	[ɯndeks]
verzender (de)	жөнелтуші	[ʒøneltwʃɯ]
ontvanger (de)	алушы	[ɑlwʃɯ]

naam (de)	ат	[ɑt]
achternaam (de)	фамилия	[fɑmɯlɯjɑ]

tarief (het)	тариф	[tɑrɯf]
standaard (bn)	кәдімгі	[kædɯmgɯ]
zuinig (bn)	үнемді	[junemdɯ]

gewicht (het)	салмақ	[sɑlmɑq]
afwegen (op de weegschaal)	өлшеу	[ølʃæw]
envelop (de)	конверт	[kɔnwert]
postzegel (de)	марка	[mɑrkɑ]

Woning. Huis. Thuis

61. Huis. Elektriciteit

elektriciteit (de)	электр	[ɛlektr]
lamp (de)	шам	[ʃam]
schakelaar (de)	сөндіргіш	[søndırgıʃ]
zekering (de)	тығын	[tıɣın]
draad (de)	сым	[sım]
bedrading (de)	электр сымы	[ɛlektr sımı]
elektriciteitsmeter (de)	есептеғіш	[eseptegıʃ]
gegevens (mv.)	есептегіштің көрсетуі	[eseptegıʃtıŋ kørsetwı]

62. Villa. Herenhuis

landhuisje (het)	қала сыртындағы үй	[qala sırtındaɣı juj]
villa (de)	вилла	[wılla]
vleugel (de)	қанат	[qanat]
tuin (de)	бақша	[baqʃa]
park (het)	саябақ	[sajabaq]
oranjerie (de)	жылыжай	[ʒılıʒaj]
onderhouden (tuin, enz.)	бағып-қағу	[baɣıp qaɣw]
zwembad (het)	бассейн	[bassejn]
gym (het)	спорт залы	[sport zalı]
tennisveld (het)	теннис корты	[tenıs kortı]
bioscoopkamer (de)	кинотеатр	[kınɔteatr]
garage (de)	гараж	[garaʒ]
privé-eigendom (het)	жеке меншік	[ʒeke menʃık]
eigen terrein (het)	жекеменшік иелігіндегі жерлер	[ʒekemenʃık ıelıgındegı ʒerler]
waarschuwing (de)	ескерту	[eskertw]
waarschuwingsbord (het)	ескерту жазбасы	[eskertw ʒazbası]
bewaking (de)	күзет	[kyzet]
bewaker (de)	күзетші	[kyzetʃı]
inbraakalarm (het)	дабылдама	[dabıldama]

63. Appartement

appartement (het)	пәтер	[pæter]
kamer (de)	бөлме	[bølme]

slaapkamer (de)	жатаржай	[ʒatarʒaj]
eetkamer (de)	асхана	[ashana]
salon (de)	қонақхана	[qonaqhana]
studeerkamer (de)	кабинет	[kabınet]

gang (de)	ауыз үй	[awız juj]
badkamer (de)	жуынатын бөлме	[ʒwınatın bølme]
toilet (het)	әжетхана	[æʒethana]

plafond (het)	төбе	[tøbe]
vloer (de)	еден	[eden]
hoek (de)	бөлменің бұрышы	[bølmenıŋ bʊrıʃı]

64. Meubels. Interieur

meubels (mv.)	жиһаз	[ʒıhaz]
tafel (de)	үстел	[justel]
stoel (de)	орындық	[orındıq]
bed (het)	төсек	[tøsek]
bankstel (het)	диван	[dıvan]
fauteuil (de)	кресло	[kreslɔ]

boekenkast (de)	шкаф	[ʃkaf]
boekenrek (het)	өре	[øre]
stellingkast (de)	этажерка	[ɛtaʒerka]

kledingkast (de)	шкаф	[ʃkaf]
kapstok (de)	ілгіш	[ıʎgıʃ]
staande kapstok (de)	ілгіш	[ıʎgıʃ]

commode (de)	комод	[kɔmɔd]
salontafeltje (het)	шағын үстелше	[ʃaɣın justeʎʃæ]

spiegel (de)	айна	[ajna]
tapijt (het)	кілем	[kılem]
tapijtje (het)	кілемше	[kılemʃæ]

haard (de)	камин	[kamın]
kaars (de)	шырақ	[ʃıraq]
kandelaar (de)	шамдал	[ʃamdal]

gordijnen (mv.)	перде	[perde]
behang (het)	тұсқағаз	[tysqaɣaz]
jaloezie (de)	жалюзи	[ʒalyzı]

bureaulamp (de)	үстел шамы	[justel ʃamı]
wandlamp (de)	шырақ	[ʃıraq]
staande lamp (de)	сәнсәуле	[sænsæwle]
luchter (de)	люстра	[lystra]

poot (ov. een tafel, enz.)	аяқ	[ajaq]
armleuning (de)	шынтақша	[ʃıntaqʃa]
rugleuning (de)	арқалық	[arqalıq]
la (de)	жәшік	[ʒæʃık]

65. Beddengoed

beddengoed (het)	төсек-орын	[tøsek ɔrın]
kussen (het)	жастық	[ʒastıq]
kussenovertrek (de)	жастық тысы	[ʒastıq tısı]
deken (de)	көрпе	[kørpe]
laken (het)	ақжайма	[aqʒajma]
sprei (de)	жамылғы	[ʒamılɣı]

66. Keuken

keuken (de)	асүй	[asyj]
gas (het)	газ	[gaz]
gasfornuis (het)	газ плитасы	[gaz plıtası]
elektrisch fornuis (het)	электр плитасы	[ɛlektr plıtası]
oven (de)	духовка	[dwhovka]
magnetronoven (de)	шағын толқынды пеш	[ʃaɣın tɔlqındı peʃ]
koelkast (de)	тоңазытқыш	[tɔŋazıtqıʃ]
diepvriezer (de)	мұздатқыш	[mʊzdatqıʃ]
vaatwasmachine (de)	ыдыс-аяқ жуу машинасы	[ıdıs ajaq ʒww maʃınası]
vleesmolen (de)	еттартқыш	[ettartqıʃ]
vruchtenpers (de)	шырынсыққыш	[ʃırınsıqqıʃ]
toaster (de)	тостер	[tɔster]
mixer (de)	миксер	[mıkser]
koffiemachine (de)	кофеқайнатқы	[kɔfeqajnatqı]
koffiepot (de)	кофе шәйнек	[kɔfe ʃæjnek]
koffiemolen (de)	кофе ұнтақтағыш	[kɔfe ʊntaqtaɣıʃ]
fluitketel (de)	шәйнек	[ʃæjnek]
theepot (de)	шәйнек	[ʃæjnek]
deksel (de/het)	жапқыш	[ʒapqıʃ]
theezeefje (het)	сүзгі	[syzgı]
lepel (de)	қасық	[qasıq]
theelepeltje (het)	шай қасық	[ʃaj qasıq]
eetlepel (de)	ас қасық	[as qasıq]
vork (de)	шанышқы	[ʃanıʃqı]
mes (het)	пышақ	[pıʃaq]
vaatwerk (het)	ыдыс	[ıdıs]
bord (het)	тәрелке	[tærelke]
schoteltje (het)	табақша	[tabaqʃa]
likeurglas (het)	рөмке	[rømke]
glas (het)	стақан	[staqan]
kopje (het)	шыныаяқ	[ʃınıajaq]
suikerpot (de)	қантсалғыш	[qantsalɣıʃ]
zoutvat (het)	тұз сауыт	[tʊz sawıt]
pepervat (het)	бұрыш салғыш	[bʊrıʃ salɣıʃ]

boterschaaltje (het)	майсауыт	[majsawıt]
steelpan (de)	кастрөл	[kastrøl]
bakpan (de)	таба	[taba]
pollepel (de)	ожау	[ɔʒaw]
vergiet (de/het)	сүзекі	[syzekı]
dienblad (het)	табақ	[tabaq]
fles (de)	бөтелке	[bøteʎke]
glazen pot (de)	банкі	[baŋkı]
blik (conserven~)	банкі	[baŋkı]
flesopener (de)	ашқыш	[aʃqıʃ]
blikopener (de)	ашқыш	[aʃqıʃ]
kurkentrekker (de)	бұранда	[buranda]
filter (de/het)	сүзгіш	[syzgıʃ]
filteren (ww)	сүзу	[syzw]
huisvuil (het)	қоқым-соқым	[qɔqım sɔqım]
vuilnisemmer (de)	қоқыс шелегі	[qɔqıs ʃælegı]

67. Badkamer

badkamer (de)	жуынатын бөлме	[ʒwınatın bølme]
water (het)	су	[sw]
kraan (de)	шүмек	[ʃymek]
warm water (het)	ыстық су	[ıstıq sw]
koud water (het)	суық су	[swıq sw]
tandpasta (de)	тіс пастасы	[tıs pastası]
tanden poetsen (ww)	тіс тазалау	[tıs tazalaw]
zich scheren (ww)	қырыну	[qırınw]
scheercrème (de)	қырынуға арналған көбік	[qırınwɣa arnalɣan købık]
scheermes (het)	ұстара	[ustara]
wassen (ww)	жуу	[ʒww]
een bad nemen	жуыну	[ʒwınw]
douche (de)	душ	[dwʃ]
een douche nemen	душқа түсу	[dwʃqa tysw]
bad (het)	ванна	[vaŋa]
toiletpot (de)	унитаз	[wnıtaz]
wastafel (de)	раковина	[rakɔwına]
zeep (de)	сабын	[sabın]
zeepbakje (het)	сабын салғыш	[sabın salɣıʃ]
spons (de)	губка	[gwbka]
shampoo (de)	сусабын	[swsabın]
handdoek (de)	орамал	[ɔramal]
badjas (de)	шапан	[ʃapan]
was (bijv. handwas)	кір жуу	[kır ʒww]
wasmachine (de)	кіржуғыш машина	[kırʒwɣıʃ maʃına]

| de was doen | кір жуу | [kɪr ʒww] |
| waspoeder (de) | кір жуу ұнтағы | [kɪr ʒww untaɣɪ] |

68. Huishoudelijke apparaten

televisie (de)	теледидар	[teledɪdar]
cassettespeler (de)	магнитофон	[magnɪtɔfɔn]
videorecorder (de)	бейнемагнитофон	[bejnemagnɪtɔfɔn]
radio (de)	қабылдағыш	[qabɪldaɣɪʃ]
speler (de)	плеер	[ple:r]

videoprojector (de)	бейне проекторы	[bejne prɔektɔrɪ]
home theater systeem (het)	үй кинотеатры	[juj kɪnɔteatrɪ]
DVD-speler (de)	DVD ойнатқыш	[dɪwɪdɪ ɔjnatqɪʃ]
versterker (de)	күшейткіш	[kyʃæjtkɪʃ]
spelconsole (de)	ойын қосымшасы	[ɔjɪn qɔsɪmʃasɪ]

videocamera (de)	бейнекамера	[bejnekamera]
fotocamera (de)	фотоаппарат	[fɔtɔapparat]
digitale camera (de)	цифрлы фотоаппарат	[tsɪfrlɪ fɔtɔapparat]

stofzuiger (de)	шаңсорғыш	[ʃaŋsɔrɣɪʃ]
strijkijzer (het)	үтік	[jutɪk]
strijkplank (de)	үтіктеу тақтасы	[jutɪktew taqtasɪ]

telefoon (de)	телефон	[telefɔn]
mobieltje (het)	ұялы телефон	[ujalɪ telefɔn]
schrijfmachine (de)	жазу машинкасы	[ʒazw maʃɪŋka]
naaimachine (de)	тігін машинкасы	[tɪgɪn maʃɪŋkasɪ]

microfoon (de)	микрофон	[mɪkrɔfɔn]
koptelefoon (de)	құлаққап	[qulaqqap]
afstandsbediening (de)	пульт	[pwʌt]

CD (de)	CD, компакт-дискі	[sɪ dɪ], [kɔmpakt dɪskɪ]
cassette (de)	кассета	[kasseta]
vinylplaat (de)	пластинка	[plastɪŋka]

MENSELIJKE ACTIVITEITEN

Baan. Business. Deel 1

69. Kantoor. Op kantoor werken

kantoor (het)	кеңсе	[qense]
kamer (de)	кабинет	[kabınet]
receptie (de)	ресепшн	[resepʃn]
secretaris (de)	хатшы	[hatʃı]
directeur (de)	директор	[dırektɔr]
manager (de)	менеджер	[menedʒer]
boekhouder (de)	есепші	[esepʃı]
werknemer (de)	қызметкер	[qızmetker]
meubilair (het)	жиһаз	[ʒıhaz]
tafel (de)	үстел	[justel]
bureaustoel (de)	кресло	[kreslɔ]
ladeblok (het)	тумбочка	[twmbɔtʃka]
kapstok (de)	киім ілгіш	[kı:m ılgıʃ]
computer (de)	компьютер	[kɔmpjyter]
printer (de)	принтер	[prınter]
fax (de)	факс	[faks]
kopieerapparaat (het)	көшіргі аппарат	[køʃırgı apparat]
papier (het)	қағаз	[qaɣaz]
kantoorartikelen (mv.)	кеңсе жабдықтары	[keŋse ʒabdıqtarı]
muismat (de)	кілемше	[kılemʃæ]
blad (het)	парақ	[paraq]
ordner (de)	папка	[papka]
catalogus (de)	каталог	[katalɔg]
telefoongids (de)	анықтағыш	[anıqtaɣıʃ]
documentatie (de)	құжаттама	[quʒattama]
brochure (de)	брошюра	[brɔʃyra]
flyer (de)	үндеу	[jundew]
monster (het), staal (de)	үлгі	[juʎgı]
training (de)	тренинг	[trenıŋ]
vergadering (de)	кеңесу	[keŋesw]
lunchpauze (de)	түскі үзіліс	[tʊskı juzılıs]
een kopie maken	көшірме жасау	[køʃırme ʒasaw]
de kopieën maken	көбейту	[købejtw]
een fax ontvangen	факс қабылдау	[faks qabıldaw]
een fax versturen	факс жіберу	[faks ʒıberw]
opbellen (ww)	қоңырау шалу	[qɔŋıraw ʃalw]

| antwoorden (ww) | жауап беру | [ʒawap berw] |
| doorverbinden (ww) | біріктіру | [bırıktırw] |

afspreken (ww)	белгілеу	[belgılew]
demonstreren (ww)	көрсету	[kørsetw]
absent zijn (ww)	болмау	[bɔlmaw]
afwezigheid (de)	келмей қалу	[kelmej qalw]

70. Bedrijfsprocessen. Deel 1

zaak (de), beroep (het)	іс	[ıs]
firma (de)	фирма	[fırma]
bedrijf (maatschap)	компания	[kɔmpanıja]
corporatie (de)	корпорация	[kɔrpɔratsıja]
onderneming (de)	кәсіпорын	[kæsıpɔrın]
agentschap (het)	агенттік	[agenttık]

overeenkomst (de)	келісім-шарт	[kelısım ʃart]
contract (het)	шарт	[ʃart]
transactie (de)	мәміле	[mæmıle]
bestelling (de)	тапсырыс	[tapsırıs]
voorwaarde (de)	шарт талабы	[ʃart talabı]

in het groot (bw)	көтерме сауда	[køterme sawda]
groothandels- (abn)	көтерме	[køterme]
groothandel (de)	көтермете сату	[køtermete satw]
kleinhandels- (abn)	бөлшек	[bølʃæk]
kleinhandel (de)	бөлшектеп сату	[bølʃæktep satw]

concurrent (de)	бәсекеші	[bæsekeʃı]
concurrentie (de)	бәсеке	[bæseke]
concurreren (ww)	бақастасу	[baqastasw]

| partner (de) | серіктес | [serıktes] |
| partnerschap (het) | серіктестік | [serıktestık] |

crisis (de)	кризис	[krızıs]
bankroet (het)	банкроттық	[baŋkrɔttıq]
bankroet gaan (ww)	банкрот болу	[baŋkrɔt bɔlw]
moeilijkheid (de)	қиындық	[qı:ndıq]
probleem (het)	мәселе	[mæsele]
catastrofe (de)	зілзала	[zılzala]

economie (de)	экономика	[ɛkɔnɔmıka]
economisch (bn)	экономикалық	[ɛkɔnɔmıkalıq]
economische recessie (de)	экономикалық құлдырау	[ɛkɔnɔmıkalıq quldıraw]

| doel (het) | мақсат | [maqsat] |
| taak (de) | мәселе | [mæsele] |

handelen (handel drijven)	сауда жасау	[sawda ʒasaw]
netwerk (het)	дистрибьюторлар жүйесі	[dıstrıbjytɔrlar ʒujesı]
voorraad (de)	қойма	[qɔjma]
assortiment (het)	ассортимент	[assɔrtıment]

leider (de)	басшы	[basʃɯ]
groot (bn)	ірі	[ırı]
monopolie (het)	монополия	[monopolıja]
theorie (de)	теория	[teorıja]
praktijk (de)	тәжірибе	[tæʒırıbe]
ervaring (de)	тәжірибе	[tæʒırıbe]
tendentie (de)	тенденция	[tendentsıja]
ontwikkeling (de)	даму	[damw]

71. Bedrijfsprocessen. Deel 2

voordeel (het)	пайда	[pajda]
voordelig (bn)	пайдалы	[pajdalɯ]
delegatie (de)	делегация	[delegatsıja]
salaris (het)	жалақы	[ʒalaqɯ]
corrigeren (fouten ~)	дұрыстау	[dʊrɯstaw]
zakenreis (de)	іссапар	[ıssapar]
commissie (de)	комиссия	[komıssıja]
controleren (ww)	бақылау	[baqɯlaw]
conferentie (de)	конференция	[konferentsıja]
licentie (de)	лицензия	[lıtsenzıja]
betrouwbaar (partner, enz.)	берік	[berık]
aanzet (de)	бастама	[bastama]
norm (bijv. ~ stellen)	норма	[norma]
omstandigheid (de)	жағдай	[ʒaɣdaj]
taak, plicht (de)	міндет	[mındet]
organisatie (bedrijf, zaak)	ұйым	[ʊjɯm]
organisatie (proces)	ұйымдастыру	[ʊjɯmdastɯrw]
georganiseerd (bn)	ұйымдасқан	[ʊjɯmdasqan]
afzegging (de)	күшін жою	[kʉʃin ʒoju]
afzeggen (ww)	болдырмау	[boldɯrmaw]
verslag (het)	есеп	[esep]
patent (het)	патент	[patent]
patenteren (ww)	патенттеу	[patenttew]
plannen (ww)	жоспарлау	[ʒosparlaw]
premie (de)	сыйақы	[sɯjaqɯ]
professioneel (bn)	кәсіпқор	[kæsıpqor]
procedure (de)	процедура	[protsedwra]
onderzoeken (contract, enz.)	қарау	[qaraw]
berekening (de)	есеп	[esep]
reputatie (de)	бедел	[bedel]
risico (het)	тәуекел	[tæwekeʎ]
beheren (managen)	басқару	[basqarw]
informatie (de)	мәліметтер	[mælımetter]
eigendom (bezit)	меншік	[menʃık]

unie (de)	одақ	[ɔdaq]
levensverzekering (de)	өмірді сақтандыру	[ømɪrdɪ saqtandɪrw]
verzekeren (ww)	сақтандыру	[saqtandɪrw]
verzekering (de)	сақтандыру	[saqtandɪrw]
veiling (de)	сауда-саттық	[sawda sattɪq]
verwittigen (ww)	хабарлау	[habarlaw]
beheer (het)	басқару	[basqarw]
dienst (de)	қызмет	[qɪzmet]
forum (het)	форум	[fɔrwm]
functioneren (ww)	жұмыс істеу	[ʒumɪs ɪstew]
stap, etappe (de)	кезең	[kezeŋ]
juridisch (bn)	заңды	[zaŋdɪ]
jurist (de)	заңгер	[zaŋger]

72. Productie. Werken

industriële installatie (fabriek)	зауыт	[zawɪt]
fabriek (de)	фабрика	[fabrɪka]
werkplaatsruimte (de)	цех	[tseh]
productielocatie (de)	өндіріс	[øndɪrɪs]
industrie (de)	өнеркәсіп	[ønerkæsɪp]
industrieel (bn)	өнеркәсіп	[ønerkæsɪp]
zware industrie (de)	ауыр өнеркәsіп	[awɪr ønerkæsɪp]
lichte industrie (de)	жеңіл өнеркәsіп	[ʒeŋɪl ønerkæsɪp]
productie (de)	өнім	[ønɪm]
produceren (ww)	өндіру	[øndɪrw]
grondstof (de)	шикізат	[ʃɪkɪzat]
voorman, ploegbaas (de)	бригадир	[brɪgadɪr]
ploeg (de)	бригада	[brɪgada]
arbeider (de)	жұмысшы	[ʒumɪsʃɪ]
werkdag (de)	жұмыс күні	[ʒumɪs kynɪ]
pauze (de)	кідіріс	[kɪdɪrɪs]
samenkomst (de)	жиналыс	[ʒɪnalɪs]
bespreken (spreken over)	талқылау	[talqɪlaw]
plan (het)	жоспар	[ʒɔspar]
het plan uitvoeren	жоспарды орындау	[ʒɔspardɪ ɔrɪndaw]
productienorm (de)	мөлшер	[mølʃær]
kwaliteit (de)	сапа	[sapa]
controle (de)	бақылау	[baqɪlaw]
kwaliteitscontrole (de)	сапасын бақылау	[sapasɪn baqɪlaw]
arbeidsveiligheid (de)	еңбек қауіпсіздігі	[eŋbeq qawɪpsɪzdɪgɪ]
discipline (de)	тәртіп	[tærtɪp]
overtreding (de)	бұзылым	[buzɪlɪm]
overtreden (ww)	бұзу	[buzw]
staking (de)	ереуіл	[erewɪʎ]
staker (de)	ереуілші	[erewɪʎʃɪ]

staken (ww)	ереуілдеу	[erewɪʎdew]
vakbond (de)	кәсіподақ	[kæsɪpɔdɑq]
uitvinden (machine, enz.)	ойлап шығару	[ɔjlɑp ʃɪɣɑrw]
uitvinding (de)	өнертабыс	[ønertɑbɪs]
onderzoek (het)	зерттеу	[zerttew]
verbeteren (beter maken)	жақсарту	[ʒɑqsɑrtw]
technologie (de)	технология	[tehnɔlɔgɪjɑ]
technische tekening (de)	сызба	[sɪzbɑ]
vracht (de)	жүк	[ʒyk]
lader (de)	жүкші	[ʒykʃi]
laden (vrachtwagen)	жүктеу	[ʒyktew]
laden (het)	тиеу	[tɪew]
lossen (ww)	жүкті түсіру	[ʒyktɪ tysɪrw]
lossen (het)	жүк түсіру	[ʒyk tysɪrw]
transport (het)	көлік	[køIɪk]
transportbedrijf (de)	көлік компаниясы	[køIɪk kɔmpɑnɪjɑsɪ]
transporteren (ww)	тасымалдау	[tɑsɪmɑldɑw]
goederenwagon (de)	вагон	[vɑgɔn]
tank (bijv. ketelwagen)	цистерна	[tsɪsternɑ]
vrachtwagen (de)	жүк автомобилі	[ʒyk ɑvtɔmɔbɪlɪ]
machine (de)	станок	[stɑnɔk]
mechanisme (het)	құрылым	[qurɪlɪm]
industrieel afval (het)	өндіріс қалдықтары	[øndɪrɪs qɑldɪqtɑrɪ]
verpakking (de)	орау	[ɔrɑw]
verpakken (ww)	орау	[ɔrɑw]

73. Contract. Overeenstemming.

contract (het)	шарт	[ʃɑrt]
overeenkomst (de)	келісім	[kelɪsɪm]
bijlage (de)	қосымша	[qɔsɪmʃɑ]
een contract sluiten	келісім жасау	[kelɪsɪm ʒɑsɑw]
handtekening (de)	қол таңба	[qɔl tɑŋbɑ]
ondertekenen (ww)	қол қою	[qɔl qɔju]
stempel (de)	мөр	[mør]
voorwerp (het) van de overeenkomst	келісім-шарттың тақырыбы	[kelɪsɪm ʃɑrttɪŋ tɑqɪrɪbɪ]
clausule (de)	пункт	[pwknt]
partijen (mv.)	жақтар	[ʒɑqtɑr]
vestigingsadres (het)	заңды мекенжай	[zɑŋdɪ mekenʒɑj]
het contract verbreken (overtreden)	шартты бұзу	[ʃɑrttɪ buzw]
verplichting (de)	міндеттеме	[mɪndetteme]
verantwoordelijkheid (de)	жауапкершілік	[ʒɑwɑpkerʃɪlɪk]
overmacht (de)	форс-мажор	[fɔrs mɑʒɔr]

geschil (het)	талас	[talas]
sancties (mv.)	айыппұлдық ықпалшара	[ajıppuldıq ıqpalʃara]

74. Import & Export

import (de)	импорт	[ımport]
importeur (de)	импортшы	[ımportʃı]
importeren (ww)	импорттау	[ımporttaw]
import- (abn)	импорттық	[ımporttıq]
exporteur (de)	экспортшы	[ɛksportʃı]
exporteren (ww)	экспорттау	[ɛksporttaw]
goederen (mv.)	тауар	[tawar]
partij (de)	партия	[partıja]
gewicht (het)	салмақ	[salmaq]
volume (het)	көлем	[kølem]
kubieke meter (de)	текше метр	[tekʃæ metr]
producent (de)	өндіруші	[øndırwʃı]
transportbedrijf (de)	көлік компаниясы	[kølık kompanıjası]
container (de)	контейнер	[kontejner]
grens (de)	шекара	[ʃækara]
douane (de)	кеден	[keden]
douanerecht (het)	кеден бажы	[keden baʒı]
douanier (de)	кеденші	[kedenʃı]
smokkelen (het)	контрабанда	[kontrabanda]
smokkelwaar (de)	жасырын тауар	[ʒasırın tawar]

75. Financiën

aandeel (het)	акция	[aktsıja]
obligatie (de)	облигация	[oblıgatsıja]
wissel (de)	вексель	[wekseʎ]
beurs (de)	биржа	[bırʒa]
aandelenkoers (de)	акция курсы	[aktsıja kwrsı]
dalen (ww)	арзандау	[arzandaw]
stijgen (ww)	қымбаттау	[qımbattaw]
deel (het)	үлес	[jules]
meerderheidsbelang (het)	бақылау пакеті	[baqılaw paketı]
investeringen (mv.)	инвестициялар	[ınwestıtsıjalar]
investeren (ww)	инвестициялау	[ınwestıtsıjalaw]
procent (het)	пайыз	[pajız]
rente (de)	пайыздар	[pajızdar]
winst (de)	пайда	[pajda]
winstgevend (bn)	пайдалы	[pajdalı]

belasting (de)	салық	[salıq]
valuta (vreemde ~)	валюта	[valyta]
nationaal (bn)	ұлттық	[ʊltttq]
ruil (de)	айырбас	[ajırbas]
boekhouder (de)	есепші	[esepʃı]
boekhouding (de)	есепшілік	[esepʃılık]
bankroet (het)	банкроттық	[baŋkrɔttıq]
ondergang (de)	құлау	[qʊlaw]
faillissement (het)	ойсырау	[ɔjsıraw]
geruïneerd zijn (ww)	жұтау	[ʒʊtaw]
inflatie (de)	инфляция	[ınfʎatsıja]
devaluatie (de)	девальвация	[devaʎvatsıja]
kapitaal (het)	капитал	[kapıtal]
inkomen (het)	табыс	[tabıs]
omzet (de)	айналым	[ajnalım]
middelen (mv.)	ресурстар	[reswrstar]
financiële middelen (mv.)	ақшалай қаражат	[aqʃalaj qaraʒat]
operationele kosten (mv.)	үстеме шығындар	[jʊsteme ʃıɣındar]
reduceren (kosten ~)	шығындарды азайту	[ʃıɣındardı azajtw]

76. Marketing

marketing (de)	маркетинг	[marketıŋ]
markt (de)	нарық	[narıq]
marktsegment (het)	нарық сараланымы	[narıq saralanımı]
product (het)	өнім	[ønım]
goederen (mv.)	тауар	[tawar]
handelsmerk (het)	сауда маркасы	[sawda markası]
beeldmerk (het)	фирмалық белгі	[fırmalıq belgı]
logo (het)	логотип	[lɔgotıp]
vraag (de)	сұраныс	[sʊranıs]
aanbod (het)	ұсыным	[ʊsınım]
behoefte (de)	керектік	[kerektık]
consument (de)	тұтынушы	[tʊtınwʃı]
analyse (de)	талдау	[taldaw]
analyseren (ww)	талдау жасау	[taldaw ʒasaw]
positionering (de)	ерекше ұсынылуы	[erekʃæ ʊsınılwı]
positioneren (ww)	ерекше ұсыну	[erekʃæ ʊsınw]
prijs (de)	баға	[baɣa]
prijspolitiek (de)	баға саясаты	[baɣa sajasatı]
prijsvorming (de)	бағаның құрылуы	[baɣanıŋ qʊrılwı]

77. Reclame

reclame (de)	жарнама	[ʒarnama]
adverteren (ww)	жарнамалау	[ʒarnamalaw]

budget (het)	бюджет	[bydʒet]
advertentie, reclame (de)	жарнама	[ʒarnama]
TV-reclame (de)	тележарнама	[teleʒarnama]
radioreclame (de)	радиодағы жарнама	[radıodaɣı ʒarnama]
buitenreclame (de)	сыртқы жарнама	[sırtqı ʒarnama]
massamedia (de)	бұқаралық ақпарат құралдары	[buqaralıq aqparat quraldarı]
periodiek (de)	мерзімді басылым	[merzımdı basılım]
imago (het)	имидж	[ımıdʒ]
slagzin (de)	ұран	[uran]
motto (het)	ұран	[uran]
campagne (de)	компания	[kɔmpanıja]
reclamecampagne (de)	жарнама компаниясы	[ʒarnama kɔmpanıjası]
doelpubliek (het)	мақсатты аудитория	[maqsattı awdıtɔrıja]
visitekaartje (het)	визит карточкасы	[wızıt kartɔtʃkası]
flyer (de)	үнпарақ	[junparaq]
brochure (de)	брошюра	[brɔʃyra]
folder (de)	буклет	[bwklet]
nieuwsbrief (de)	бюллетень	[bylleteŋ]
gevelreclame (de)	маңдайша жазу	[maŋdajʃa ʒazw]
poster (de)	плакат	[plakat]
aanplakbord (het)	жарнама қалқаны	[ʒarnama qalqanı]

78. Bankieren

bank (de)	банк	[baŋk]
bankfiliaal (het)	бөлімше	[bølımʃæ]
bankbediende (de)	кеңесші	[keŋesʃı]
manager (de)	басқарушы	[basqarwʃı]
bankrekening (de)	шот	[ʃɔt]
rekeningnummer (het)	шот нөмірі	[ʃɔt nømırı]
lopende rekening (de)	ағымдағы есепшот	[aɣımdaɣı esepʃɔt]
spaarrekening (de)	жинақтаушы шот	[ʒınaqtawʃı ʃɔt]
een rekening openen	шот ашу	[ʃɔt aʃw]
de rekening sluiten	шот жабу	[ʃɔt ʒabw]
op rekening storten	шотқа салу	[ʃɔtqa salw]
opnemen (ww)	шоттан алу	[ʃɔttan alw]
storting (de)	салым	[salım]
een storting maken	салым жасау	[salım ʒasaw]
overschrijving (de)	аударылым	[awdarılım]
een overschrijving maken	аударылым жасау	[awdarılım ʒasaw]
som (de)	сома	[sɔma]
Hoeveel?	Қанша?	[qanʃa]
handtekening (de)	қол таңба	[qɔl taŋba]

ondertekenen (ww)	қол қою	[qol qoju]
kredietkaart (de)	кредиттік карта	[kredıttık karta]
code (de)	код	[kod]
kredietkaartnummer (het)	кредиттік картаның нөмірі	[kredıttık kartanıŋ nømırı]
geldautomaat (de)	банкомат	[baŋkomat]
cheque (de)	чек	[tʃek]
een cheque uitschrijven	чек жазу	[tʃek ʒazw]
chequeboekje (het)	чек кітапшасы	[tʃek kıtapʃası]
lening, krediet (de)	несие	[nesıe]
een lening aanvragen	несие жайында өтінішпен бару	[nesıe ʒajında øtınıʃpen barw]
een lening nemen	несие алу	[nesıe alw]
een lening verlenen	несие беру	[nesıe berw]
garantie (de)	кепілдеме	[kepıldeme]

79. Telefoon. Telefoongesprek

telefoon (de)	телефон	[telefon]
mobieltje (het)	ұялы телефон	[ujalı telefon]
antwoordapparaat (het)	автожауапшы	[avtoʒawapʃı]
bellen (ww)	қоңырау шалу	[qoŋıraw ʃalw]
belletje (telefoontje)	қоңырау	[qoŋıraw]
een nummer draaien	нөмірді теру	[nømırdı terw]
Hallo!	Алло!	[allo]
vragen (ww)	сұрау	[suraw]
antwoorden (ww)	жауап беру	[ʒawap berw]
horen (ww)	есту	[estw]
goed (bw)	жақсы	[ʒaqsı]
slecht (bw)	жаман	[ʒaman]
storingen (mv.)	бөгеттер	[bøgetter]
hoorn (de)	трубка	[trwbka]
opnemen (ww)	трубканы алу	[trwbkanı alw]
ophangen (ww)	трубканы салу	[trwbkanı salw]
bezet (bn)	бос емес	[bos emes]
overgaan (ww)	шылдырлау	[ʃıldırlaw]
telefoonboek (het)	телефон кітабы	[telefon kıtabı]
lokaal (bn)	жергілікті	[ʒergılıktı]
interlokaal (bn)	қалааралық	[qala:ralıq]
buitenlands (bn)	халықаралық	[halıqaralıq]

80. Mobiele telefoon

mobieltje (het)	ұялы телефон	[ujalı telefon]
scherm (het)	дисплей	[dısplej]

toets, knop (de)	түйме	[tyjme]
simkaart (de)	SIM-карта	[sım karta]
batterij (de)	батарея	[batareja]
leeg zijn (ww)	тогынан айырылу	[tɔgınan ajırılw]
acculader (de)	зарядттау құрылғысы	[zarʲadttaw qurılɣısı]
menu (het)	меню	[meny]
instellingen (mv.)	қалпына келтіру	[qalpına keʎtırw]
melodie (beltoon)	әуен	[æwen]
selecteren (ww)	таңдау	[taŋdaw]
rekenmachine (de)	калькулятор	[kaʎkwʎatɔr]
voicemail (de)	автожауапшы	[avtɔʒawapʃı]
wekker (de)	оятар	[ɔjatar]
contacten (mv.)	телефон кітабы	[telefɔn kıtabı]
SMS-bericht (het)	SMS-хабарлама	[ɛsɛmɛs habarlama]
abonnee (de)	абонент	[abɔnent]

81. Schrijfbehoeften

balpen (de)	автоқалам	[avtɔqalam]
vulpen (de)	қаламұш	[qalamuʃ]
potlood (het)	қарындаш	[qarındaʃ]
marker (de)	маркер	[marker]
viltstift (de)	фломастер	[flɔmaster]
notitieboekje (het)	блокнот	[blɔknɔt]
agenda (boekje)	күнделік	[kyndelık]
liniaal (de/het)	сызғыш	[sızɣıʃ]
rekenmachine (de)	калькулятор	[kaʎkwʎatɔr]
gom (de)	өшіргіш	[øʃırgıʃ]
punaise (de)	жапсырма шеге	[ʒapsırma ʃæge]
paperclip (de)	қыстырғыш	[qıstırɣıʃ]
lijm (de)	желім	[ʒɛlım]
nietmachine (de)	степлер	[stepler]
perforator (de)	тескіш	[teskıʃ]
potloodslijper (de)	қайрағыш	[qajraɣıʃ]

82. Soorten bedrijven

boekhouddiensten (mv.)	есепшілік қызметтер	[esepʃılık qızmetter]
reclame (de)	жарнама	[ʒarnama]
reclamebureau (het)	жарнама агенттігі	[ʒarnama agenttıgı]
airconditioning (de)	кондиционерлер	[kɔndıtsıɔnerler]
luchtvaartmaatschappij (de)	авиакомпания	[awıakɔmpanıja]
alcoholische dranken (mv.)	спиртті ішімдіктер	[spırttı ıʃımdıkter]
antiek (het)	антиквариат	[antıkvarıat]

kunstgalerie (de)	галерея	[galereja]
audit diensten (mv.)	аудиторлық қызметтер	[awdıtorlıq qızmetter]
banken (mv.)	банк бизнесі	[baŋk bıznesı]
bar (de)	бар	[bar]
schoonheidssalon (de/het)	сән салоны	[sæn salonı]
boekhandel (de)	кітап дүкені	[kıtap dykenı]
bierbrouwerij (de)	сыра қайнататын орын	[sıra qajnatatın orın]
zakencentrum (het)	бизнес орталық	[bıznes ortalıq]
business school (de)	бизнес-мектеп	[bıznes mektep]
casino (het)	казино	[kazıno]
bouwbedrijven (mv.)	құрылыс	[qurılıs]
adviesbureau (het)	консалтинг	[konsaltıŋ]
tandheelkunde (de)	стоматология	[stomatologija]
design (het)	дизайн	[dızajn]
apotheek (de)	дәріхана	[dærıhana]
stomerij (de)	химиялық тазалау	[hımıjalıq tazalaw]
uitzendbureau (het)	кадрлық агенттігі	[kadrlıq agenttıgı]
financiële diensten (mv.)	қаржалық қызметтер	[qarʒalıq qızmetter]
voedingswaren (mv.)	азық-түлік	[azıq tylık]
uitvaartcentrum (het)	жерлеу бюросы	[ʒerlew byrosı]
meubilair (het)	жиһаз	[ʒıhaz]
kleding (de)	киім	[kı:m]
hotel (het)	қонақ үй	[qonaq juj]
IJsje (het)	балмұздақ	[balmuzdaq]
industrie (de)	өнеркәсіп	[ønerkæsıp]
verzekering (de)	сақтандыру	[saqtandırw]
Internet (het)	интернет	[ınternet]
investeringen (mv.)	инвестициялар	[ınwestıtsıjalar]
juwelier (de)	зергер	[zerger]
juwelen (mv.)	зергерлік бұйымдар	[zergerlık bujımdar]
wasserette (de)	кір жуатын орын	[kır ʒwatın orın]
juridische diensten (mv.)	заңгерлік қызметтер	[zaŋgerlık qızmetter]
lichte industrie (de)	жеңіл өнеркәсіп	[ʒeŋıl ønerkæsıp]
tijdschrift (het)	журнал	[ʒwrnal]
postorderbedrijven (mv.)	каталог бойынша сауда	[katalog bojınʃa sawda]
medicijnen (mv.)	медицина	[medıtsına]
bioscoop (de)	кинотеатр	[kınoteatr]
museum (het)	мұражай	[muraʒaj]
persbureau (het)	ақпарат агенттігі	[aqparat agenttıgı]
krant (de)	газет	[gazet]
nachtclub (de)	түнгі клуб	[tyŋı klwb]
olie (aardolie)	мұнай	[munaj]
koerierdienst (de)	курьерлік қызмет	[kwrjerlık qızmet]
geneesmiddelen (mv.)	фармацевтика	[farmatsevtıka]
drukkerij (de)	полиграфия	[polıgrafıja]
uitgeverij (de)	баспа	[baspa]
radio (de)	радио	[radıo]

vastgoed (het)	жылжымайтын мүлік	[ʒılʒımajtın mylık]
restaurant (het)	мейрамхана	[mejramhana]
bewakingsfirma (de)	қорғау агенттігі	[qɔrɣaw agenttıgı]
sport (de)	спорт	[spɔrt]
handelsbeurs (de)	биржа	[bırʒa]
winkel (de)	дүкен	[dyken]
supermarkt (de)	супермаркет	[swpermarket]
zwembad (het)	бассейн	[bassejn]
naaiatelier (het)	ательe	[ateʎje]
televisie (de)	теледидар	[teledıdar]
theater (het)	театр	[teatr]
handel (de)	сауда	[sawda]
transport (het)	тасымалдау	[tasımaldaw]
toerisme (het)	туризм	[twrızm]
dierenarts (de)	ветеринар	[weterınar]
magazijn (het)	қойма	[qɔjma]
afvalinzameling (de)	қоқыстың тасып шығарылымы	[qɔqıstıŋ tasıp ʃıɣarılımı]

Baan. Business. Deel 2

83. Show. Tentoonstelling

beurs (de)	көрме	[kørme]
vakbeurs, handelsbeurs (de)	сауда көрмесі	[sawda kørmesı]

deelneming (de)	қатысу	[qatısw]
deelnemen (ww)	қатысу	[qatısw]
deelnemer (de)	қатысушы	[qatıswʃı]

directeur (de)	директор	[dırektɔr]
organisatiecomité (het)	дирекция	[dırektsıja]
organisator (de)	ұйымдастырушы	[ujımdastırwʃı]
organiseren (ww)	ұйымдастыру	[ujımdastırw]

deelnemingsaanvraag (de)	қатысуға сұраным	[qatıswɣa suranım]
invullen (een formulier ~)	толтыру	[tɔltırw]
details (mv.)	детальдары	[detaʎdarı]
informatie (de)	ақпарат	[aqparat]

prijs (de)	бағa	[baɣa]
inclusief (bijv. ~ BTW)	соның ішінде	[sɔnıŋ ıʃınde]
inbegrepen (alles ~)	соның ішінде	[sɔnıŋ ıʃınde]
betalen (ww)	төлеу	[tølew]
registratietarief (het)	тіркеу жарнасы	[tırkew ʒarnası]

ingang (de)	кіру	[kırw]
paviljoen (het), hal (de)	павильон	[pawiʎɔn]
registreren (ww)	тіркеу	[tırkew]
badge, kaart (de)	бэдж	[bɛdʒ]

beursstand (de)	стенд	[stend]
reserveren (een stand ~)	кейінге сақтау	[kejıŋe saqtaw]

vitrine (de)	көрме	[kørme]
licht (het)	шырақ	[ʃıraq]
design (het)	дизайн	[dızajn]
plaatsen (ww)	орналастыру	[ɔrnalastırw]
geplaatst zijn (ww)	орналастырылған	[ɔrnalastırılɣan]

distributeur (de)	дистрибьютор	[dıstrıbjytɔr]
leverancier (de)	өтемші	[øtemʃı]
leveren (ww)	жеткізіп тұру	[ʒetkızıp turw]

land (het)	ел	[el]
buitenlands (bn)	шетелдік	[ʃeteldık]
product (het)	өнім	[ønım]
associatie (de)	ассоциация	[assɔtsıatsıja]
conferentiezaal (de)	конференция залы	[kɔnferentsıja zalı]

congres (het)	конгресс	[kɔŋress]
wedstrijd (de)	конкурс	[kɔŋkwrs]
bezoeker (de)	келуші	[kelwʃı]
bezoeken (ww)	келу	[kelw]
afnemer (de)	тапсырушы	[tapsırwʃı]

84. Wetenschap. Onderzoek. Wetenschappers

wetenschap (de)	ғылым	[ɣılım]
wetenschappelijk (bn)	ғылыми	[ɣılımı]
wetenschapper (de)	ғалым	[ɣalım]
theorie (de)	теория	[teɔrıja]
axioma (het)	аксиома	[aksıɔma]
analyse (de)	талдау	[taldaw]
analyseren (ww)	талдау жасау	[taldaw ʒasaw]
argument (het)	дәлел	[dæleʎ]
substantie (de)	зат	[zat]
hypothese (de)	жорамал	[ʒɔramal]
dilemma (het)	дилемма	[dılemma]
dissertatie (de)	диссертация	[dessertatsıja]
dogma (het)	догма	[dɔgma]
doctrine (de)	доктрина	[dɔktrına]
onderzoek (het)	зерттеу	[zerttew]
onderzoeken (ww)	зерттеуші	[zerttewʃı]
toetsing (de)	бақылау	[baqılaw]
laboratorium (het)	зертхана	[zerthana]
methode (de)	әдіс	[ædıs]
molecule (de/het)	молекула	[mɔlekwla]
monitoring (de)	мониторинг	[mɔnıtɔrıŋ]
ontdekking (de)	ашылым	[aʃılım]
postulaat (het)	жорамал	[ʒɔramal]
principe (het)	қағидат	[qaɣıdat]
voorspelling (de)	болжау	[bɔɫʒaw]
een prognose maken	болжау	[bɔɫʒaw]
synthese (de)	синтез	[sıntez]
tendentie (de)	тенденция	[tendentsıja]
theorema (het)	теорема	[teɔrema]
leerstellingen (mv.)	ілім	[ılım]
feit (het)	дәлел	[dæleʎ]
expeditie (de)	экспедиция	[ɛkspedıtsıja]
experiment (het)	тәжірибе	[tæʒırıbe]
academicus (de)	академик	[akademık]
bachelor (bijv. BA, LLB)	бакалавр	[bakalavr]
doctor (de)	доктор	[dɔktɔr]
universitair docent (de)	доцент	[dɔtsent]

| master, magister (de) | магистр | [magıstr] |
| professor (de) | профессор | [professor] |

Beroepen en ambachten

85. Zoeken naar werk. Ontslag

baan (de)	жұмыс	[ʒʊmɪs]
personeel (het)	штат	[ʃtat]
carrière (de)	мансап	[mansap]
vooruitzichten (mv.)	болашақ	[bolaʃaq]
meesterschap (het)	ұсталық	[ʊstalɪq]
keuze (de)	іріктеу	[ɪrɪktew]
uitzendbureau (het)	кадрлық агенттік	[kadrlɪq agenttɪk]
CV, curriculum vitae (het)	резюме	[rezyme]
sollicitatiegesprek (het)	әңгімелесу	[æŋgɪmelesw]
vacature (de)	бос қызмет	[bos qɪzmet]
salaris (het)	жалақы	[ʒalaqɪ]
vaste salaris (het)	айлық	[ajlɪq]
loon (het)	ақы төлеу	[aqɪ tølew]
betrekking (de)	қызмет	[qɪzmet]
taak, plicht (de)	міндет	[mɪndet]
takenpakket (het)	міндеттер аясы	[mɪndetter ajasɪ]
bezig (~ zijn)	бос емес	[bos emes]
ontslagen (ww)	жұмыстан шығару	[ʒʊmɪstan ʃɪɣarw]
ontslag (het)	жұмыстан шығару	[ʒʊmɪstan ʃɪɣarw]
werkloosheid (de)	жұмыссыздық	[ʒʊmɪssɪzdɪq]
werkloze (de)	жұмыссыз	[ʒʊmɪssɪz]
pensioen (het)	зейнетақы	[zejnetaqɪ]
met pensioen gaan	пенсияға шығу	[pensɪjaɣa ʃɪɣw]

86. Zakenmensen

directeur (de)	директор	[dɪrektor]
beheerder (de)	басқарушы	[basqarwʃɪ]
hoofd (het)	басқарушы	[basqarwʃɪ]
baas (de)	бастық	[bastɪq]
superieuren (mv.)	басшылық	[basʃɪlɪq]
president (de)	президент	[prezɪdent]
voorzitter (de)	төраға	[tøraɣa]
adjunct (de)	орынбасар	[orɪnbasar]
assistent (de)	көмекші	[kømekʃɪ]
secretaris (de)	хатшы	[hatʃɪ]

persoonlijke assistent (de)	жеке хатшы	[ʒeke hatʃı]
zakenman (de)	бизнесмен	[bıznesmen]
ondernemer (de)	кәсіпкер	[kæsıpker]
oprichter (de)	негізін салушы	[negızın salwʃı]
oprichten (een nieuw bedrijf ~)	орнату	[ɔrnatw]
stichter (de)	құрылтайшы	[qʊrıltajʃı]
partner (de)	серіктес	[serıktes]
aandeelhouder (de)	акционер	[aktsıɔner]
miljonair (de)	миллионер	[mıllıɔner]
miljardair (de)	миллиардер	[mıllıarder]
eigenaar (de)	ие	[ıe]
landeigenaar (de)	жер иесі	[ʒer ıesı]
klant (de)	клиент	[klıent]
vaste klant (de)	тұрақты клиент	[tʊraktı klıent]
koper (de)	сатып алушы	[satıp alwʃı]
bezoeker (de)	келуші	[kelwʃı]
professioneel (de)	кәсіпші	[kæsıpʃı]
expert (de)	сарапшы	[sarapʃı]
specialist (de)	маман	[maman]
bankier (de)	банкир	[baŋkır]
makelaar (de)	брокер	[brɔker]
kassier (de)	кассир	[kassır]
boekhouder (de)	есепші	[esepʃı]
bewaker (de)	күзетші	[kyzetʃı]
investeerder (de)	инвестор	[ınwestɔr]
schuldenaar (de)	қарыздар	[qarızdar]
crediteur (de)	несиегер	[nesıeger]
lener (de)	қарыз алушы	[qarız alwʃı]
importeur (de)	импортшы	[ımpɔrtʃı]
exporteur (de)	экспортшы	[ɛkspɔrtʃı]
producent (de)	өндіруші	[øndırwʃı]
distributeur (de)	дистрибьютор	[dıstrıbjytɔr]
bemiddelaar (de)	дәнекер	[dæneker]
adviseur, consulent (de)	кеңесші	[keŋesʃı]
vertegenwoordiger (de)	өкіл	[økıl]
agent (de)	агент	[agent]
verzekeringsagent (de)	сақтандыру агенті	[saqtandırw agentı]

87. Dienstverlenende beroepen

kok (de)	аспазшы	[aspazʃı]
chef-kok (de)	бас аспазшы	[bas aspazʃı]
bakker (de)	нан пісіруші	[nan pısırwʃı]

barman (de)	бармен	[barmen]
kelner, ober (de)	даяшы	[dajaʃı]
serveerster (de)	даяшы	[dajaʃı]
advocaat (de)	адвокат	[advɔkat]
jurist (de)	заңгер	[zaŋger]
notaris (de)	нотариус	[nɔtarıws]
elektricien (de)	монтер	[mɔnter]
loodgieter (de)	сантехник	[santehnık]
timmerman (de)	балташы	[baltaʃı]
masseur (de)	массаж жасаушы	[massaʒ ʒasawʃı]
masseuse (de)	массаж жасаушы	[massaʒ ʒasawʃı]
dokter, arts (de)	дәрігер	[dærıger]
taxichauffeur (de)	таксист	[taksıst]
chauffeur (de)	айдарман	[ajdarman]
koerier (de)	курьер	[kwrjer]
kamermeisje (het)	қызметші әйел	[qızmetʃı æjel]
bewaker (de)	күзетші	[kyzetʃı]
stewardess (de)	аспансерік	[aspanserık]
meester (de)	мұғалім	[muɣalım]
bibliothecaris (de)	кітапханашы	[kıtaphanaʃı]
vertaler (de)	тілмаш	[tılmaʃ]
tolk (de)	тілмаш	[tılmaʃ]
gids (de)	гид	[gıd]
kapper (de)	шаштаразшы	[ʃaʃtarazʃı]
postbode (de)	пошташы	[pɔʃtaʃı]
verkoper (de)	сатушы	[satwʃı]
tuinman (de)	бақшы	[baqʃı]
huisbediende (de)	даяшы	[dajaʃı]
dienstmeisje (het)	даяшы	[dajaʃı]
schoonmaakster (de)	сыпырушы	[sıpırwʃı]

88. Militaire beroepen en rangen

soldaat (rang)	қатардағы	[qatardaɣı]
sergeant (de)	сержант	[serʒant]
luitenant (de)	лейтенант	[lejtenant]
kapitein (de)	капитан	[kapıtan]
majoor (de)	майор	[major]
kolonel (de)	полковник	[pɔlkɔvnık]
generaal (de)	генерал	[general]
maarschalk (de)	маршал	[marʃal]
admiraal (de)	адмирал	[admıral]
militair (de)	әскери адам	[æskerı adam]
soldaat (de)	жауынгер	[ʒawıŋer]

officier (de)	офицер	[ɔfitser]
commandant (de)	командир	[kɔmandır]
grenswachter (de)	шекарашы	[ʃækaraʃı]
marconist (de)	радист	[radıst]
verkenner (de)	барлаушы	[barlawʃı]
sappeur (de)	сапер	[saper]
schutter (de)	атқыш	[atqıʃ]
stuurman (de)	штурман	[ʃtwrman]

89. Ambtenaren. Priesters

koning (de)	король	[kɔrɔʎ]
koningin (de)	королева	[kɔrɔleva]
prins (de)	ханзада	[hanzada]
prinses (de)	ханша	[hanʃa]
tsaar (de)	патша	[patʃa]
tsarina (de)	патшайым	[patʃajım]
president (de)	президент	[prezıdent]
minister (de)	министр	[mınıstr]
eerste minister (de)	премьер-министр	[premjer mınıstr]
senator (de)	сенатор	[senatɔr]
diplomaat (de)	дипломат	[dıplɔmat]
consul (de)	консул	[kɔnswl]
ambassadeur (de)	елші	[elʃı]
adviseur (de)	кеңесші	[keŋesʃı]
ambtenaar (de)	төре	[tøre]
prefect (de)	префект	[prefekt]
burgemeester (de)	мэр	[mɛr]
rechter (de)	төреші	[tøreʃı]
aanklager (de)	прокурор	[prɔkwrɔr]
missionaris (de)	миссионер	[mıssıoner]
monnik (de)	монах	[mɔnah]
abt (de)	уағыздаушы	[waɣızdawʃı]
rabbi, rabbijn (de)	раввин	[ravwın]
vizier (de)	уәзір	[wæzır]
sjah (de)	шах	[ʃah]
sjeik (de)	шайқы	[ʃajqı]

90. Agrarische beroepen

imker (de)	ара өсіруші	[ara øsırwʃı]
herder (de)	бақташы	[baqtaʃı]
landbouwkundige (de)	агроном	[agrɔnɔm]

veehouder (de)	мал өсіруші	[mal øsɪrwʃɪ]
dierenarts (de)	ветеринар	[weterɪnar]
landbouwer (de)	ферма иесі	[fermɑ ɪesɪ]
wijnmaker (de)	шарапшы	[ʃarapʃɪ]
zoöloog (de)	зоолог	[zɔːlɔg]
cowboy (de)	ковбой	[kɔvbɔj]

91. Kunst beroepen

acteur (de)	актёр	[aktør]
actrice (de)	актриса	[aktrɪsa]
zanger (de)	әнші	[ænʃɪ]
zangeres (de)	әнші	[ænʃɪ]
danser (de)	биші	[bɪʃɪ]
danseres (de)	биші	[bɪʃɪ]
artiest (mann.)	әртіс	[ærtɪs]
artiest (vrouw.)	әртіс	[ærtɪs]
muzikant (de)	сырнайшы	[sɪrnajʃɪ]
pianist (de)	пианист	[pɪanɪst]
gitarist (de)	гитаршы	[gɪtarʃɪ]
orkestdirigent (de)	дирижёр	[dɪrɪʒɔr]
componist (de)	сазгер	[sazger]
impresario (de)	импресарио	[ɪmpresarɪɔ]
filmregisseur (de)	режиссёр	[reʒɪssør]
filmproducent (de)	продюсер	[prɔdyser]
scenarioschrijver (de)	сценарист	[stsænarɪst]
criticus (de)	сынағыш	[sɪnaɣɪʃ]
schrijver (de)	жазушы	[ʒazwʃɪ]
dichter (de)	ақын	[aqɪn]
beeldhouwer (de)	мүсінші	[mysɪnʃɪ]
kunstenaar (de)	суретші	[swretʃɪ]
jongleur (de)	жонглёр	[ʒɔŋlør]
clown (de)	клоун	[klɔwn]
acrobaat (de)	акробат	[akrɔbat]
goochelaar (de)	сиқыршы	[sɪqɪrʃɪ]

92. Verschillende beroepen

dokter, arts (de)	дәрігер	[dærɪger]
ziekenzuster (de)	медбике	[medbɪke]
psychiater (de)	психиатр	[psɪhɪatr]
tandarts (de)	стоматолог	[stɔmatɔlɔg]
chirurg (de)	хирург	[hɪrwrg]

astronaut (de)	астронавт	[astrɔnaft]
astronoom (de)	астроном	[astrɔnɔm]

chauffeur (de)	жүргізуші	[ʒyrgızwʃı]
machinist (de)	машинист	[maʃınıst]
mecanicien (de)	механик	[mehanık]

mijnwerker (de)	көмірші	[kømırʃı]
arbeider (de)	жұмысшы	[ʒʊmısʃı]
bankwerker (de)	слесарь	[slesarʲ]
houtbewerker (de)	ағаш шебері	[ayaʃʃæberı]
draaier (de)	қырнаушы	[qırnawʃı]
bouwvakker (de)	құрылысшы	[qʊrılısʃı]
lasser (de)	дәнекерлеуші	[dænekerlewʃı]

professor (de)	профессор	[prɔfessɔr]
architect (de)	сәулетші	[sæwletʃı]
historicus (de)	тарихшы	[tarıhʃı]
wetenschapper (de)	ғалым	[ɣalım]
fysicus (de)	физик	[fızık]
scheikundige (de)	химик	[hımık]

archeoloog (de)	археолог	[arheɔlog]
geoloog (de)	геолог	[geɔlog]
onderzoeker (de)	зерттеуші	[zerttewʃı]

babysitter (de)	бала бағушы	[bala baɣwʃı]
leraar, pedagoog (de)	мұғалім	[mʊɣalım]

redacteur (de)	редактор	[redaktɔr]
chef-redacteur (de)	бас редактор	[bas redaktɔr]
correspondent (de)	тілші	[tıʎʃı]
typiste (de)	машинист	[maʃınıst]

designer (de)	дизайнер	[dızajner]
computerexpert (de)	компьютерші	[kɔmpjyterʃı]
programmeur (de)	бағдарламаушы	[baɣdarlamawʃı]
ingenieur (de)	инженер	[ınʒener]

matroos (de)	кемеші	[kemeʃı]
zeeman (de)	кемеші	[kemeʃı]
redder (de)	құтқарушы	[qʊtqarwʃı]

brandweerman (de)	өрт сөндіруші	[ørt søndırwʃı]
politieagent (de)	полицей	[pɔlıtsej]
nachtwaker (de)	күзетші	[kyzetʃı]
detective (de)	ізші	[ızʃı]

douanier (de)	кедекші	[kedenʃı]
lijfwacht (de)	сақшы	[saqʃı]
gevangenisbewaker (de)	қадағалаушы	[qadaɣalawʃı]
inspecteur (de)	инспектор	[ınspektɔr]

sportman (de)	спортшы	[spɔrtʃı]
trainer (de)	жаттықтырушы	[ʒattıqtırwʃı]
slager, beenhouwer (de)	етші	[etʃı]

schoenlapper (de)	аяқ киім жамаушы	[ɑjɑq kɪːm ʒɑmɑwʃɪ]
handelaar (de)	саудагер	[sæwdɑger]
lader (de)	жүк тиеуші	[ʒyk tɪewʃɪ]
kledingstilist (de)	модель	[mɔdeʎ]
model (het)	үлгіші	[julgɪʃɪ]

93. Beroepen. Sociale status

scholier (de)	оқушы	[ɔqwʃɪ]
student (de)	студент	[stwdent]
filosoof (de)	философ	[fɪlɔsɔf]
econoom (de)	экономист	[ɛkɔnɔmɪst]
uitvinder (de)	өнертапқыш	[ønertɑpqɪʃ]
werkloze (de)	жұмыссыз	[ʒʊmɪssɪz]
gepensioneerde (de)	зейнеткер	[zejnetker]
spion (de)	тыңшы	[tɪŋʃɪ]
gedetineerde (de)	қамалған	[qɑmɑlɣɑn]
staker (de)	ереуілші	[erewɪʎʃɪ]
bureaucraat (de)	кеңсешіл	[keŋseʃɪl]
reiziger (de)	саяхатшы	[sɑjɑhɑtʃɪ]
homoseksueel (de)	гомосексуалист	[gɔmɔsekswɑlɪst]
hacker (computerkraker)	хакер	[hɑker]
hippie (de)	хиппи	[hɪppɪ]
bandiet (de)	қарақшы	[qɑrɑqʃɪ]
huurmoordenaar (de)	жалдамалы өлтіруші	[ʒɑldɑmɑlɪ øʎtɪrwʃɪ]
drugsverslaafde (de)	нашақор	[nɑʃɑqɔr]
drugshandelaar (de)	есірткі сатушы	[esɪrtkɪ sɑtwʃɪ]
prostituee (de)	жезөкше	[ʒezøkʃæ]
pooier (de)	сутенёр	[swtenør]
tovenaar (de)	дуагер	[dwɑger]
tovenares (de)	көз байлаушы	[køz bɑjlɑwʃɪ]
piraat (de)	теңіз қарақшысы	[teŋɪz qɑrɑqʃɪsɪ]
slaaf (de)	құл	[qʊl]
samoerai (de)	самурай	[sɑmwrɑj]
wilde (de)	жабайы адам	[ʒɑbɑjɪ ɑdɑm]

Onderwijs

94. School

school (de)	мектеп	[mektep]
schooldirecteur (de)	мектеп директоры	[mektep dırektɔrı]
leerling (de)	оқушы	[ɔqwʃı]
leerlinge (de)	оқушы	[ɔqwʃı]
scholier (de)	мектеп оқушысы	[mektep ɔqwʃısı]
scholiere (de)	мектеп оқушысы	[mektep ɔqwʃısı]
leren (lesgeven)	оқыту	[ɔqıtw]
studeren (bijv. een taal ~)	оқу	[ɔqw]
van buiten leren	жаттап алу	[ʒattap alw]
leren (bijv. ~ tellen)	үйрену	[jujrenw]
in school zijn (schooljongen zijn)	оқу	[ɔqw]
naar school gaan	мектепке бару	[mektepke barw]
alfabet (het)	алфавит	[alfawıt]
vak (schoolvak)	пән	[pæn]
klaslokaal (het)	сынып	[sınıp]
les (de)	сабақ	[sabaq]
pauze (de)	үзіліс	[juzılıs]
bel (de)	қоңырау	[qɔŋıraw]
schooltafel (de)	парта	[parta]
schoolbord (het)	тақта	[taqta]
cijfer (het)	баға	[baɣa]
goed cijfer (het)	жақсы баға	[ʒaksı baɣa]
slecht cijfer (het)	жаман баға	[ʒaman baɣa]
een cijfer geven	баға қою	[baɣa qɔju]
fout (de)	қате	[qate]
fouten maken	қате жасау	[qate ʒasaw]
corrigeren (fouten ~)	дұрыстау	[dʊrıstaw]
spiekbriefje (het)	шпаргалка	[ʃpargalka]
huiswerk (het)	үй тапсырмасы	[juj tapsırması]
oefening (de)	жаттығу	[ʒattıɣw]
aanwezig zijn (ww)	қатысу	[qatısw]
absent zijn (ww)	келмеу	[kelmew]
school verzuimen	сабаққа бармау	[sabaqqa barmaw]
bestraffen (een stout kind ~)	жазалау	[ʒazalaw]
bestraffing (de)	жазалау	[ʒazalaw]

gedrag (het)	мінез-құлық	[mɪnez qʊlıq]
cijferlijst (de)	күнделік	[kyndelık]
potlood (het)	қарындаш	[qarındaʃ]
gom (de)	өшіргіш	[øʃırgıʃ]
krijt (het)	бор	[bɔr]
pennendoos (de)	қаламсауыт	[qalamsawıt]
boekentas (de)	портфель	[pɔrtfeʎ]
pen (de)	қалам	[qalam]
schrift (de)	дәптер	[dæpter]
leerboek (het)	оқулық	[ɔqwlıq]
passer (de)	циркуль	[tsırkwʎ]
technisch tekenen (ww)	сызу	[sızw]
technische tekening (de)	сызба	[sızba]
gedicht (het)	өлең	[øleŋ]
van buiten (bw)	жатқа	[ʒatqa]
van buiten leren	жаттап алу	[ʒattap alw]
vakantie (de)	демалыс	[demalıs]
met vakantie zijn	каникулда болу	[kanıkwlda bɔlw]
vakantie doorbrengen	каникулды өткізу	[kanıkwldı øtkızw]
toets (schriftelijke ~)	бақылау жұмысы	[baqılaw ʒʊmısı]
opstel (het)	шығарма	[ʃıɣarma]
dictee (het)	жат жазу	[ʒat ʒazw]
examen (het)	емтихан	[emtıhan]
examen afleggen	емтихан тапсыру	[emtıhan tapsırw]
experiment (het)	тәжірибе	[tæʒırıbe]

95. Hogeschool. Universiteit

academie (de)	академия	[akademıja]
universiteit (de)	университет	[wnıwersıtet]
faculteit (de)	факультет	[fakwʎtet]
student (de)	студент	[stwdent]
studente (de)	студент	[stwdent]
leraar (de)	оқытушы	[ɔqıtwʃı]
collegezaal (de)	дәрісхана	[dærıshana]
afgestudeerde (de)	бітіруші	[bıtırwʃı]
diploma (het)	диплом	[dıplɔm]
dissertatie (de)	диссертация	[dıssertatsıja]
onderzoek (het)	зерттеу	[zerttew]
laboratorium (het)	зертхана	[zerthana]
college (het)	дәріс	[dærıs]
medestudent (de)	курстас	[kwrstas]
studiebeurs (de)	оқуақы	[ɔqwaqı]
academische graad (de)	ғылыми дәреже	[ɣılımı dæreʒe]

96. Wetenschappen. Disciplines

wiskunde (de)	математика	[matematıka]
algebra (de)	алгебра	[algebra]
meetkunde (de)	геометрия	[geometrıja]
astronomie (de)	астрономия	[astronomıja]
biologie (de)	биология	[bıologıja]
geografie (de)	география	[geografıja]
geologie (de)	геология	[geologıja]
geschiedenis (de)	тарих	[tarıh]
geneeskunde (de)	медицина	[medıtsına]
pedagogiek (de)	педагогика	[pedagogıka]
rechten (mv.)	құқық	[quqıq]
fysica, natuurkunde (de)	физика	[fızıka]
scheikunde (de)	химия	[hımıja]
filosofie (de)	даналықтану	[danalıqtanw]
psychologie (de)	психология	[psıhologıja]

97. Schrift. Spelling

grammatica (de)	грамматика	[grammatıka]
vocabulaire (het)	лексика	[leksıka]
fonetiek (de)	фонетика	[fonetıka]
zelfstandig naamwoord (het)	зат есім	[zat esım]
bijvoeglijk naamwoord (het)	сын есім	[sın esım]
werkwoord (het)	етістік	[etıstık]
bijwoord (het)	үстеу	[justew]
voornaamwoord (het)	есімдік	[esımdık]
tussenwerpsel (het)	одағай	[odaɣaj]
voorzetsel (het)	сылтау	[sıltaw]
stam (de)	сөз түбірі	[søz tybırı]
achtervoegsel (het)	жалғау	[ʒalɣaw]
voorvoegsel (het)	тіркеу	[tırkew]
lettergreep (de)	буын	[bwın]
achtervoegsel (het)	жұрнақ	[ʒʊrnaq]
nadruk (de)	екпін	[ekpın]
afkappingsteken (het)	дәйекше	[dæjekʃæ]
punt (de)	нүкте	[nykte]
komma (de/het)	үтір	[jutır]
puntkomma (de)	нүктелі үтір	[nyktelı jutır]
dubbelpunt (de)	қос нүкте	[qos nykte]
beletselteken (het)	көп нүкте	[køp nykte]
vraagteken (het)	сұрау белгісі	[sʊraw belgısı]
uitroepteken (het)	леп белгісі	[lep belgısı]

aanhalingstekens (mv.)	тырнақша	[tırnaqʃa]
tussen aanhalingstekens (bw)	тырнақша ішінде	[tırnaqʃa ıʃınde]
haakjes (mv.)	жақша	[ʒaqʃa]
tussen haakjes (bw)	жақша ішінде	[ʒaqʃa ıʃınde]

streepje (het)	сызықша	[sızıqʃa]
gedachtestreepje (het)	сызықша	[sızıqʃa]
spatie (~ tussen twee woorden)	бос жер	[bɔs ʒer]

letter (de)	әріп	[ærıp]
hoofdletter (de)	үлкен әріп	[julken ærıp]

klinker (de)	дауысты дыбыс	[dawıstı dıbıs]
medeklinker (de)	дауыссыз дыбыс	[dawıssız dıbıs]

zin (de)	сөйлем	[søjlem]
onderwerp (het)	бастауыш	[bastawıʃ]
gezegde (het)	баяндауыш	[bajandawıʃ]

regel (in een tekst)	жол	[ʒɔl]
op een nieuwe regel (bw)	жаңа жолдан	[ʒaŋa ʒɔldan]
alinea (de)	азатжол	[azatʒɔl]

woord (het)	сөз	[søz]
woordgroep (de)	сөз тіркесі	[søz tırkesı]
uitdrukking (de)	сөйлемше	[søjlemʃæ]
synoniem (het)	синоним	[sınɔnım]
antoniem (het)	антоним	[antɔnım]

regel (de)	ереже	[ereʒe]
uitzondering (de)	ерекшелік	[erekʃælık]
correct (bijv. ~e spelling)	дұрыс	[dʊrıs]

vervoeging, conjugatie (de)	жіктеу	[ʒıktew]
verbuiging, declinatie (de)	септеу	[septew]
naamval (de)	септік	[septık]
vraag (de)	сұрақ	[sʊraq]
onderstrepen (ww)	астың сызып қою	[astıŋ sızıp qɔju]
stippellijn (de)	нүкте сызық	[nykte sızıq]

98. Vreemde talen

taal (de)	тіл	[tıʎ]
vreemd (bn)	шетелдік	[ʃæteldık]
vreemde taal (de)	зерттеу	[zerttew]
leren (bijv. van buiten ~)	үйрену	[jujrenw]

lezen (ww)	оқу	[ɔqw]
spreken (ww)	сөйлеу	[søjlew]
begrijpen (ww)	түсіну	[tysınw]
schrijven (ww)	жазу	[ʒazw]
snel (bw)	тез	[tez]
langzaam (bw)	баяу	[bajaw]

vloeiend (bw)	еркін	[erkın]
regels (mv.)	ережелер	[ereʒeler]
grammatica (de)	грамматика	[grammatıka]
vocabulaire (het)	лексика	[leksıka]
fonetiek (de)	фонетика	[fɔnetıka]
leerboek (het)	оқулық	[ɔkwlıq]
woordenboek (het)	сөздік	[søzdık]
leerboek (het) voor zelfstudie	өздігінен үйреткіш	[øzdıgınen jujretkıʃ]
taalgids (de)	тілашар	[tılaʃar]
cassette (de)	кассета	[kasseta]
videocassette (de)	бейнетаспа	[bejnetaspa]
CD (de)	CD, компакт-дискі	[sı dı], [kɔmpakt dıskı]
DVD (de)	DVD	[dıwıdı]
alfabet (het)	алфавит	[alfawıt]
spellen (ww)	әріптер бойынша айту	[ærıpter bɔjınʃa ajtw]
uitspraak (de)	айтылыс	[ajtılıs]
accent (het)	акцент	[aktsent]
met een accent (bw)	акцентпен	[aktsentpen]
zonder accent (bw)	акцентсіз	[aktsentsız]
woord (het)	сөз	[søz]
betekenis (de)	мағына	[maɣına]
cursus (de)	курстар	[kwrstar]
zich inschrijven (ww)	жазылу	[ʒazılw]
leraar (de)	оқытушы	[ɔqıtwʃı]
vertaling (een ~ maken)	аудару	[awdarw]
vertaling (tekst)	аударма	[awdarma]
vertaler (de)	аударушы	[awdarwʃı]
tolk (de)	аударушы	[awdarwʃı]
polyglot (de)	көп тіл білгіш	[køp tıl bılgıʃ]
geheugen (het)	ес	[es]

Rusten. Entertainment. Reizen

99. Trip. Reizen

toerisme (het)	туризм	[twrızm]
toerist (de)	турист	[twrıst]
reis (de)	саяхат	[sajahat]
avontuur (het)	оқиға	[ɔqıɣa]
tocht (de)	сапар	[sapar]
vakantie (de)	демалыс	[demalıs]
met vakantie zijn	демалыста болу	[demalısta bɔlw]
rust (de)	демалу	[demalw]
trein (de)	пойыз	[pɔjız]
met de trein	пойызбен	[pɔjızben]
vliegtuig (het)	ұшақ	[ʊʃaq]
met het vliegtuig	ұшақпен	[ʊʃaqpen]
met de auto	автомобильде	[avtɔmɔbıʎde]
per schip (bw)	кемеде	[kemede]
bagage (de)	жолжүк	[ʒɔlʒyk]
valies (de)	шабадан	[ʃabadan]
bagagekarretje (het)	жүкке арналған арбаша	[ʒykke arnalɣan arbaʃa]
paspoort (het)	паспорт	[paspɔrt]
visum (het)	виза	[wıza]
kaartje (het)	билет	[bılet]
vliegticket (het)	авиабилет	[awıabılet]
reisgids (de)	жол көрсеткіш	[ʒɔl kørsetkıʃ]
kaart (de)	карта	[karta]
gebied (landelijk ~)	атырап	[atırap]
plaats (de)	мекен	[meken]
exotische bestemming (de)	экзотика	[ɛkzɔtıka]
exotisch (bn)	экзотикалық	[ɛkzɔtıkalıq]
verwonderlijk (bn)	таңғажайып	[taŋɣaʒajıp]
groep (de)	группа	[grwppa]
rondleiding (de)	экскурсия	[ɛkskwrsıja]
gids (de)	экскурсия жетекшісі	[ɛkskwrsıja ʒetekʃısı]

100. Hotel

hotel (het)	қонақ үй	[qɔnaq juj]
motel (het)	мотель	[mɔtɛʎ]
3-sterren	үш жұлдыз	[juʃ ʒʊldız]

5-sterren	бес жұлдыз	[bes ʒuldɨz]
overnachten (ww)	тоқтау	[tɔqtaw]
kamer (de)	нөмір	[nømɨr]
eenpersoonskamer (de)	бір адамдық нөмір	[bɨr adamdɨq nømɨr]
tweepersoonskamer (de)	екі адамдық нөмір	[ekɨ adamdɨq nømɨr]
een kamer reserveren	нөмірді броньдау	[nømɨrdɨ brɔɲdaw]
halfpension (het)	жартылай пансион	[ʒartɨlaj pansɨɔn]
volpension (het)	толық пансион	[tɔlɨq pansɨɔn]
met badkamer	ваннамен	[vaɲamen]
met douche	душпен	[dwʃpen]
satelliet-tv (de)	спутник теледидары	[spwtnɨk teledɨdarɨ]
airconditioner (de)	кондиционер	[kɔndɨtsɨɔner]
handdoek (de)	орамал	[ɔramal]
sleutel (de)	кілт	[kɨʎt]
administrateur (de)	әкімші	[ækɨmʃɨ]
kamermeisje (het)	қызметші әйел	[qɨzmetʃɨ æjel]
piccolo (de)	жүкші	[ʒykʃɨ]
portier (de)	портье	[pɔrtje]
restaurant (het)	мейрамхана	[mejramhana]
bar (de)	бар	[bar]
ontbijt (het)	ертеңгілік тамақ	[erteŋɨlɨk tamaq]
avondeten (het)	кешкі тамақ	[keʃkɨ tamaq]
buffet (het)	шведтік үстел	[ʃwedtɨq justeʎ]
hal (de)	вестибюль	[westɨbyʎ]
lift (de)	жеделсаты	[ʒedelsatɨ]
NIET STOREN	МАЗАЛАМАУ	[mazalamaw]
VERBODEN TE ROKEN!	ТЕМЕКІ ТАРТПАУ	[temekɨ tartpaw]

TECHNISCHE APPARATUUR. VERVOER

Technische apparatuur

101. Computer

computer (de)	компьютер	[kɔmpjyter]
laptop (de)	ноутбук	[nɔwtbwk]
aanzetten (ww)	қосу	[qɔsw]
uitzetten (ww)	сөндіру	[søndɪrw]
toetsenbord (het)	клавиатура	[klawɪatwra]
toets (enter~)	клавиш	[klawɪʃ]
muis (de)	тышқан	[tɪʃqan]
muismat (de)	кілемше	[kɪlemʃæ]
knopje (het)	түйме	[tyjme]
cursor (de)	курсор	[kwrsɔr]
monitor (de)	монитор	[mɔnɪtɔr]
scherm (het)	экран	[ɛkran]
harde schijf (de)	катты диск	[kattɪ dɪsk]
volume (het) van de harde schijf	катты дискінің көлемі	[kattɪ dɪskınıŋ kølemı]
geheugen (het)	зерде	[zerde]
RAM-geheugen (het)	оперативтік зерде	[ɔperatɪvtɪk zerde]
bestand (het)	файл	[fajl]
folder (de)	папка	[papka]
openen (ww)	ашу	[aʃw]
sluiten (ww)	жабу	[ʒabw]
opslaan (ww)	сақтау	[saqtaw]
verwijderen (wissen)	кетіру	[ketırw]
kopiëren (ww)	көшіріп алу	[køʃırıp alw]
sorteren (ww)	сұрыптау	[swrıptaw]
overplaatsen (ww)	қайта көшіру	[qajta køʃırw]
programma (het)	бағдарлама	[baɣdarlama]
software (de)	бағдарламалық қамсыздандыру	[baɣdarlamalıq qamsızdandırw]
programmeur (de)	бағдарламашы	[baɣdarlamaʃı]
programmeren (ww)	бағдарламалау	[baɣdarlamalaw]
hacker (computerkraker)	хакер	[haker]
wachtwoord (het)	пароль	[parɔʎ]
virus (het)	вирус	[wɪrws]

ontdekken (virus ~)	табу	[tabw]
byte (de)	байт	[bajt]
megabyte (de)	мегабайт	[megabajt]
data (de)	деректер	[derekter]
databank (de)	дерекқор	[derekqɔr]
kabel (USB-~, enz.)	шоғырсым	[ʃɔɣırsım]
afsluiten (ww)	үзіп тастау	[juzıp tastaw]
aansluiten op (ww)	қосу	[qɔsw]

102. Internet. E-mail

internet (het)	интернет	[ınternet]
browser (de)	браузер	[brawzer]
zoekmachine (de)	іздестіру ресурсы	[ızdestırw reswrsı]
internetprovider (de)	провайдер	[prɔvajder]
webmaster (de)	веб-мастер	[web master]
website (de)	веб-сайт	[web sajt]
webpagina (de)	веб-бет	[web bet]
adres (het)	мекен жай	[meken ʒaj]
adresboek (het)	мекен жай кітабы	[meken ʒaj kıtabı]
postvak (het)	пошта жәшігі	[pɔʃta ʒæʃıgı]
post (de)	пошта	[pɔʃta]
vol (~ postvak)	лық толған	[lıq tɔlɣan]
bericht (het)	хабарлама	[habarlama]
binnenkomende berichten (mv.)	кіріс хабарламалары	[kırıs habarlamaları]
uitgaande berichten (mv.)	шығыс хабарламалары	[ʃıɣıs habarlamaları]
verzender (de)	жіберуші	[ʒıberwʃı]
verzenden (ww)	жіберу	[ʒıberw]
verzending (de)	жөнелтім	[ʒøneltım]
ontvanger (de)	алушы	[alwʃı]
ontvangen (ww)	алу	[alw]
correspondentie (de)	қатынасхаттар	[qatınashattar]
corresponderen (met …)	хат жазысу	[hat ʒazısw]
bestand (het)	файл	[fajl]
downloaden (ww)	көшіру	[køʃırw]
creëren (ww)	жасау	[ʒasaw]
verwijderen (een bestand ~)	кетіру	[ketırw]
verwijderd (bn)	кетірілген	[ketırılgen]
verbinding (de)	байланыс	[bajlanıs]
snelheid (de)	жылдамдық	[ʒıldamdıq]
modem (de)	модем	[mɔdem]
toegang (de)	кіру мүмкіндігі	[kırw mymkındıgı]

poort (de)	порт	[pɔrt]
aansluiting (de)	қосылу	[qɔsɪlw]
zich aansluiten (ww)	қосылу	[qɔsɪlw]

| selecteren (ww) | таңдау | [taŋdaw] |
| zoeken (ww) | іздеу | [ɪzdew] |

103. Elektriciteit

elektriciteit (de)	электр	[ɛlektr]
elektrisch (bn)	электр	[ɛlektr]
elektriciteitscentrale (de)	электростанция	[ɛlektrɔstantsɪja]
energie (de)	энергия	[ɛnergɪja]
elektrisch vermogen (het)	электроэнергиясы	[ɛlektrɔɛnergɪjasɪ]

lamp (de)	лампыша	[lampɪʃa]
zaklamp (de)	қол фонары	[qɔl fɔnarɪ]
straatlantaarn (de)	дала фонары	[dala fɔnarɪ]

| licht (elektriciteit) | жарық | [ʒarɪq] |
| aandoen (ww) | қосу | [qɔsw] |

| uitdoen (ww) | сөндіру | [søndɪrw] |
| het licht uitdoen | жарық сөндіру | [ʒarɪq søndɪrw] |

| doorbranden (gloeilamp) | күйіп кету | [kyjɪp ketw] |
| kortsluiting (de) | қысқа тұйықталу | [qɪsqa tʊjɪqtalw] |

| onderbreking (de) | үзік | [juzɪk] |
| contact (het) | түйісу | [tyjɪsw] |

| schakelaar (de) | сөндіргіш | [søndɪrgɪʃ] |
| stopcontact (het) | розетка | [rɔzetka] |

| stekker (de) | шанышқы | [ʃanɪʃqɪ] |
| verlengsnoer (de) | ұзайтқыш | [ʊzajtqɪʃ] |

zekering (de)	сақтандырғыш	[saqtandɪrɣɪʃ]
kabel (de)	өткізгіш	[øtkɪzgɪʃ]
bedrading (de)	электр сымы	[ɛlektr sɪmɪ]

| ampère (de) | ампер | [amper] |
| stroomsterkte (de) | ток күші | [tɔk kyʃɪ] |

| volt (de) | вольт | [vɔʎt] |
| spanning (de) | кернеу | [kernew] |

| elektrisch toestel (het) | электр жабдық | [ɛlektr ʒabdɪq] |
| indicator (de) | индикатор | [ɪndɪkatɔr] |

electricien (de)	электрик	[ɛlektrɪk]
solderen (ww)	дәнекерлеу	[dænekerlew]
soldeerbout (de)	дәнекерлегіш	[dænekerlegɪʃ]
stroom (de)	ток	[tɔk]

104. Gereedschappen

werktuig (stuk gereedschap)	құрал	[qural]
gereedschap (het)	құралдар	[quraldar]
uitrusting (de)	жабдық	[ʒabdıq]
hamer (de)	балға	[balɣa]
schroevendraaier (de)	бұрауыш	[burawıʃ]
bijl (de)	балта	[balta]
zaag (de)	ара	[ara]
zagen (ww)	аралау	[aralaw]
schaaf (de)	жонғы	[ʒoŋɣı]
schaven (ww)	жоңқалау	[ʒoŋqalaw]
soldeerbout (de)	дәнекерлегіш	[dænekerlegıʃ]
solderen (ww)	дәнекерлеу	[dænekerlew]
vijl (de)	егеу	[egew]
nijptang (de)	атауыз	[atawız]
combinatietang (de)	тістеуік	[tıstewık]
beitel (de)	қашау	[qaʃaw]
boorkop (de)	бәрбі	[bærbı]
boormachine (de)	бұрғы	[burɣı]
boren (ww)	бұрғылау	[burɣılaw]
mes (het)	пышақ	[pıʃaq]
zakmes (het)	қалталық пышақ	[qaltalıq pıʃaq]
knip- (abn)	бүктемелі	[byktemelı]
lemmet (het)	жүз	[ʒyz]
scherp (bijv. ~ mes)	өткір	[øtkır]
bot (bn)	дөкір	[døkır]
bot raken (ww)	мұқалу	[muqalw]
slijpen (een mes ~)	қайрау	[qajraw]
bout (de)	болт	[bolt]
moer (de)	гайка	[gajka]
schroefdraad (de)	бұранда	[buranda]
houtschroef (de)	бұрандалы шеге	[burandalı ʃæge]
nagel (de)	шеге	[ʃæge]
kop (de)	қалпақша	[qalpaqʃa]
liniaal (de/het)	сызғыш	[sızɣıʃ]
rolmeter (de)	рулетка	[rwletka]
waterpas (de/het)	деңгей	[deŋgej]
loep (de)	лупа	[lwpa]
meetinstrument (het)	өлшеу аспабы	[ølʃæw aspabı]
opmeten (ww)	өлшеу	[ølʃæw]
schaal (meetschaal)	шкала	[ʃkala]
gegevens (mv.)	көрсетуі	[kørsetwı]
compressor (de)	компрессор	[kompressor]
microscoop (de)	микроскоп	[mıkroskop]

pomp (de)	сорғы	[sɔrɣı]
robot (de)	робот	[rɔbɔt]
laser (de)	лазер	[lazer]
moersleutel (de)	гайка кілті	[gajka kıltı]
plakband (de)	лента-скотч	[lenta skɔtʃ]
lijm (de)	желім	[ʒɛlım]
schuurpapier (het)	зімпара	[zımpara]
veer (de)	серіппе	[serıppe]
magneet (de)	магнит	[magnıt]
handschoenen (mv.)	биялай	[bıjalaj]
touw (bijv. henneptouw)	бау	[baw]
snoer (het)	бау	[baw]
draad (de)	сым	[sım]
kabel (de)	шоғырсым	[ʃɔɣırsım]
moker (de)	зілбалға	[zılbalɣa]
breekijzer (het)	сүймен	[syjmen]
ladder (de)	баспалдақ	[baspaldaq]
trapje (inklapbaar ~)	басқыш	[basqıʃ]
aanschroeven (ww)	шиыршықтату	[ʃırʃıqtatw]
losschroeven (ww)	бұрау	[bʊraw]
dichtpersen (ww)	қысу	[qısw]
vastlijmen (ww)	жапсыру	[ʒapsırw]
snijden (ww)	кесу	[kesw]
defect (het)	ақаулық	[aqawlıq]
reparatie (de)	жөндеу	[ʒøndew]
repareren (ww)	жөндеу	[ʒøndew]
regelen (een machine ~)	жөнге салу	[ʒøŋe salw]
nakijken (ww)	тексеру	[tekserw]
controle (de)	тексеру	[tekserw]
gegevens (mv.)	көрсетуі	[kørsetwı]
degelijk (bijv. ~ machine)	берік	[berık]
ingewikkeld (bn)	қиын	[qıːn]
roesten (ww)	таттану	[tattanw]
roestig (bn)	тоттанған	[tɔttanɣan]
roest (de/het)	тот	[tɔt]

Vervoer

105. Vliegtuig

vliegtuig (het)	ұшақ	[ʊʃaq]
vliegticket (het)	авиабилет	[awıabılet]
luchtvaartmaatschappij (de)	авиакомпания	[awıakompanıja]
luchthaven (de)	әуежай	[æweʒaj]
supersonisch (bn)	дыбыстан жүйрік	[dıbıstan ʒyjrık]

gezagvoerder (de)	кеме командирі	[keme komandırı]
bemanning (de)	экипаж	[ɛkıpaʒ]
piloot (de)	ұшқыш	[ʊʃqıʃ]
stewardess (de)	аспансерік	[aspanserık]
stuurman (de)	штурман	[ʃtwrman]

vleugels (mv.)	қанаттар	[qanattar]
staart (de)	құйрық	[qwjrıq]
cabine (de)	кабина	[kabına]
motor (de)	қозғалтқыш	[qozɣaltqıʃ]
landingsgestel (het)	шасси	[ʃassı]
turbine (de)	турбина	[twrbına]

propeller (de)	пропеллер	[propeller]
zwarte doos (de)	қара жәшік	[qara ʒæʃık]
stuur (het)	штурвал	[ʃtwrval]
brandstof (de)	жағармай	[ʒaɣarmaj]

veiligheidskaart (de)	нұсқама	[nʊsqama]
zuurstofmasker (het)	оттегі маскасы	[ɔttegı maskası]
uniform (het)	униформа	[wnıforma]

reddingsvest (de)	құтқару жилеті	[qʊtqarw ʒıletı]
parachute (de)	парашют	[paraʃwt]

opstijgen (het)	ұшып көтерілу	[ʊʃıp køterılw]
opstijgen (ww)	ұшып көтерілу	[ʊʃıp køterılw]
startbaan (de)	ұшу алаңы	[ʊʃw alaŋı]

zicht (het)	көріну	[kørınw]
vlucht (de)	ұшу	[ʊʃw]

hoogte (de)	биіктік	[bıːktık]
luchtzak (de)	әуе құдығы	[æwe qʊndıɣı]

plaats (de)	орын	[ɔrın]
koptelefoon (de)	құлаққап	[qʊlaqqap]
tafeltje (het)	қайырмалы үстел	[qajırmalı justel]
venster (het)	иллюминатор	[ıllymınator]
gangpad (het)	өткел	[øtkeʎ]

106. Trein

trein (de)	пойыз	[pɔjɪz]
elektrische trein (de)	электричка	[ɛlektrɪtʃka]
sneltrein (de)	жүрдек пойыз	[ʒyrdek pɔjɪz]
diesellocomotief (de)	тепловоз	[teplɔvɔz]
locomotief (de)	паровоз	[parɔvɔz]
rijtuig (het)	вагон	[vagɔn]
restauratierijtuig (het)	вагон-ресторан	[vagɔn restɔran]
rails (mv.)	рельстер	[reʎster]
spoorweg (de)	темір жол	[temɪr ʒɔl]
dwarsligger (de)	шпал	[ʃpal]
perron (het)	платформа	[platfɔrma]
spoor (het)	жол	[ʒɔl]
semafoor (de)	семафор	[semafɔr]
halte (bijv. kleine treinhalte)	станция	[stantsɪja]
machinist (de)	машинист	[maʃınıst]
kruier (de)	жүк тасушы	[ʒyk taswʃɪ]
conducteur (de)	жолбасшы	[ʒɔlbasʃɪ]
passagier (de)	жолаушы	[ʒɔlawʃɪ]
controleur (de)	бақылаушы	[baqılawʃɪ]
gang (in een trein)	дәліз	[dælız]
noodrem (de)	тоқтату краны	[tɔqtatw kranı]
coupé (de)	купе	[kwpe]
bed (slaapplaats)	сөре	[søre]
bovenste bed (het)	жоғарғы сөре	[ʒɔɣarɣı søre]
onderste bed (het)	төменгі сөре	[tømeŋı søre]
beddengoed (het)	төсек-орын белье	[tøsek ɔrın beʎje]
kaartje (het)	билет	[bılet]
dienstregeling (de)	кесте	[keste]
informatiebord (het)	табло	[tablɔ]
vertrekken (De trein vertrekt ...)	шегіну	[ʃægınw]
vertrek (ov. een trein)	пойыздың жүруі	[pɔjızdıŋ ʒyrwı]
aankomen (ov. de treinen)	келу	[kelw]
aankomst (de)	келу	[kelw]
aankomen per trein	пойызбен келу	[pɔjızben kelw]
in de trein stappen	пойызға отыру	[pɔjızɣa ɔtırw]
uit de trein stappen	пойыздан шығу	[pɔjızdan ʃıɣw]
treinwrak (het)	апат	[apat]
locomotief (de)	паровоз	[parɔvɔz]
stoker (de)	от жағушы	[ɔt ʒaɣwʃɪ]
stookplaats (de)	оттық	[ɔttıq]
steenkool (de)	көмір	[kømır]

107. Schip

schip (het)	кеме	[keme]
vaartuig (het)	кеме	[keme]
stoomboot (de)	пароход	[parɔhɔd]
motorschip (het)	теплоход	[teplɔhɔd]
lijnschip (het)	лайнер	[lajner]
kruiser (de)	крейсер	[krejser]
jacht (het)	яхта	[jahta]
sleepboot (de)	буксир	[bwksır]
duwbak (de)	баржа	[barʒa]
ferryboot (de)	паром	[parɔm]
zeilboot (de)	желкенші	[ʒelkenʃı]
brigantijn (de)	бригантина	[brıgantına]
IJsbreker (de)	мұз жарғыш	[mʊz ʒarɣıʃ]
duikboot (de)	сүңгуір қайық	[syŋgwır qajıq]
boot (de)	қайық	[qajıq]
sloep (de)	шлюпка	[ʃlypka]
reddingssloep (de)	құтқарушы қайық	[qʊtqarʊʃı qajıq]
motorboot (de)	кеме	[keme]
kapitein (de)	капитан	[kapıtan]
zeeman (de)	кемеші	[kemeʃı]
matroos (de)	теңізші	[teŋızʃı]
bemanning (de)	экипаж	[ɛkıpaʒ]
bootsman (de)	боцман	[bɔtsman]
scheepsjongen (de)	юнга	[juŋa]
kok (de)	кок	[kɔk]
scheepsarts (de)	кеме дәрігері	[keme dærıgerı]
dek (het)	палуба	[palwba]
mast (de)	діңгек	[dıŋgek]
zeil (het)	желкен	[ʒelken]
ruim (het)	трюм	[trym]
voorsteven (de)	тұмсық	[tʊmsıq]
achtersteven (de)	корма	[kɔrma]
roeispaan (de)	ескек	[eskek]
schroef (de)	винт	[wınt]
kajuit (de)	каюта	[kajuta]
officierskamer (de)	ортақ бөлме	[ɔrtaq bølme]
machinekamer (de)	машина бөлімі	[maʃına bølımı]
brug (de)	капитан мінбесі	[kapıtan mınbesı]
radiokamer (de)	радиорубка	[radıɔrwbka]
radiogolf (de)	толқын	[tɔlqın]
logboek (het)	кеме журналы	[keme ʒwrnalı]
verrekijker (de)	көру дүрбісі	[kørw dyrbısı]
klok (de)	қоңырау	[qɔŋıraw]

vlag (de)	ту	[tw]
kabel (de)	арқан	[arqan]
knoop (de)	түйін	[tyjın]
trapleuning (de)	тұтқа	[tʊtqa]
trap (de)	басқыш	[basqıʃ]
anker (het)	зәкір	[zækır]
het anker lichten	зәкірді көтеру	[zækırdı køterw]
het anker neerlaten	зәкірді тастау	[zækırdı tastaw]
ankerketting (de)	зәкір шынжыры	[zækır ʃınʒırı]
haven (bijv. containerhaven)	кемежай	[kemeʒaj]
kaai (de)	айлақ	[ajlaq]
aanleggen (ww)	айлақтау	[ajlaqtaw]
wegvaren (ww)	қозғалып кету	[qozɣalıp ketw]
reis (de)	саяхат	[sajahat]
cruise (de)	круиз	[krwız]
koers (de)	бағыт	[baɣıt]
route (de)	бағдар	[baɣdar]
vaarwater (het)	фарватер	[farvater]
zandbank (de)	қайыр	[qajır]
stranden (ww)	тақырға отырып қалу	[taqırɣa ɔtırıp qalw]
storm (de)	дауыл	[dawıl]
signaal (het)	сигнал	[sıgnal]
zinken (ov. een boot)	бату	[batw]
SOS (noodsignaal)	SOS	[sɔs]
reddingsboei (de)	құтқару дөңгелегі	[qjutqarw døŋgelegı]

108. Vliegveld

luchthaven (de)	әуежай	[æweʒaj]
vliegtuig (het)	ұшақ	[ʊʃaq]
luchtvaartmaatschappij (de)	авиакомпания	[awıakɔmpanıja]
luchtverkeersleider (de)	диспетчер	[dıspetʃer]
vertrek (het)	ұшу	[ʊʃw]
aankomst (de)	ұшып келу	[ʊʃıp kelʊ]
aankomen (per vliegtuig)	ұшып келу	[ʊʃıp kelʊ]
vertrektijd (de)	ұшып шығу уақыты	[ʊʃıp ʃıɣʊ ʋaqıtı]
aankomstuur (het)	ұшып келу уақыты	[ʊʃıp kelʊ ʋaqıtı]
vertraagd zijn (ww)	кідіру	[kıdırw]
vluchtvertraging (de)	ұшып шығудың кідіруі	[ʊʃıp ʃıɣwdıdıŋ kıdırwı]
informatiebord (het)	ақпараттық табло	[aqparatıq tablɔ]
informatie (de)	ақпарат	[aqparat]
aankondigen (ww)	әйгілеу	[æjgılew]
vlucht (bijv. KLM ~)	рейс	[rejs]

douane (de)	кеден	[keden]
douanier (de)	кеденші	[kedenʃı]
douaneaangifte (de)	декларация	[deklaratsıja]
een douaneaangifte invullen	декларацияны толтыру	[deklaratsıjanı tɔltırw]
paspoortcontrole (de)	төлқұжат бақылауы	[tɔlquʒat baqılauı]
bagage (de)	жүк	[ʒyk]
handbagage (de)	қол жүк	[qɔl ʒyk]
Gevonden voorwerpen	жүктің іздестіруі	[ʒyktıŋ ızdestırwı]
bagagekarretje (het)	арбаша	[arbaʃa]
landing (de)	отырғызу	[ɔtırɣızw]
landingsbaan (de)	отырғызу алабы	[ɔtırɣızw alabı]
landen (ww)	қону	[qɔnw]
vliegtuigtrap (de)	басқыш	[basqıʃ]
inchecken (het)	тіркеу	[tırkew]
incheckbalie (de)	тіркеу үлдірігі	[tırkew juʎdırıgı]
inchecken (ww)	тіркелу	[tırkelw]
instapkaart (de)	отырғызу талоны	[ɔtırɣızw talɔnı]
gate (de)	шығу	[ʃıɣw]
transit (de)	транзит	[tranzıt]
wachten (ww)	күту	[kytw]
wachtzaal (de)	күту залы	[kytw zalı]
begeleiden (uitwuiven)	ұзату	[uzatw]
afscheid nemen (ww)	қоштасу	[qɔʃtasw]

Gebeurtenissen in het leven

109. Vakanties. Evenement

feest (het)	мереке	[mereke]
nationale feestdag (de)	ұлттық мереке	[ulttıq mereke]
feestdag (de)	мерекелік күн	[merekelık kyn]
herdenken (ww)	тойлау	[tojlaw]

gebeurtenis (de)	оқиға	[oqıɣa]
evenement (het)	шара	[ʃara]
banket (het)	банкет	[baŋket]
receptie (de)	қабылдау	[qabıldaw]
feestmaal (het)	той	[toj]

verjaardag (de)	жылдық	[ʒıldıq]
jubileum (het)	мерейтой	[merejtoj]
vieren (ww)	тойлап өткізу	[tojlap otkızw]

Nieuwjaar (het)	жаңа жыл	[ʒaŋa ʒıl]
Gelukkig Nieuwjaar!	Жаңа жылмен!	[ʒaŋa ʒılmen]

Kerstfeest (het)	Рождество	[roʒdestvo]
Vrolijk kerstfeest!	Рождество мейрамы көңілді болсын!	[roʒdestvo mejramı koŋıldı bolsın]
kerstboom (de)	Жаңа жылдық шырша	[ʒaŋa ʒıldıq ʃırʃa]
vuurwerk (het)	салют	[salyt]

bruiloft (de)	үйлену тойы	[jujlenw tojı]
bruidegom (de)	күйеу	[kyjew]
bruid (de)	қалыңдық	[qalıŋdıq]

uitnodigen (ww)	шақыру	[ʃaqırw]
uitnodiging (de)	шақыру	[ʃaqırw]

gast (de)	қонақ	[qonaq]
op bezoek gaan	қонаққа бару	[qonaqqa barw]
gasten verwelkomen	қонақтарды қарсы алу	[qonaqtardı qarsı alw]

geschenk, cadeau (het)	сый	[sıj]
geven (iets cadeau ~)	сыйлау	[sıjlaw]
geschenken ontvangen	сыйлар алу	[sıjlar alw]
boeket (het)	байлам	[bajlam]

felicitaties (mv.)	құттықтау	[quttıqtaw]
feliciteren (ww)	құттықтау	[quttıqtaw]

wenskaart (de)	құттықтау ашық хаты	[quttıqtaw aʃıq hatı]
een kaartje versturen	ашық хатты жіберу	[aʃıq hatı ʒıberw]
een kaartje ontvangen	ашық хатты алу	[aʃıq hatı alw]

toast (de)	тост	[tɔst]
aanbieden (een drankje ~)	дәм таттыру	[dæm tatırw]
champagne (de)	шампанское	[ʃampan]

plezier hebben (ww)	көңіл көтеру	[køŋıl køterw]
plezier (het)	сауық-сайран	[sawıq sajran]
vreugde (de)	қуаныш	[qwanıʃ]

dans (de)	би	[bı]
dansen (ww)	билеу	[bılew]

wals (de)	вальс	[vaʎs]
tango (de)	танго	[taŋɔ]

110. Begrafenissen. Begrafenis

kerkhof (het)	зират	[zırat]
graf (het)	көр	[kør]
grafsteen (de)	барқын	[barqın]
omheining (de)	дуал	[dwal]
kapel (de)	кішкентай шіркеу	[kıʃkentaj ʃırkew]

dood (de)	ажал	[aʒal]
sterven (ww)	өлу	[ølw]
overledene (de)	марқұм	[marqʊm]
rouw (de)	аза	[aza]

begraven (ww)	жерлеу	[ʒerlew]
begrafenisonderneming (de)	жерлеу бюросы	[ʒerlew byrɔsı]
begrafenis (de)	жерлеу	[ʒerlew]

krans (de)	венок	[wenɔk]
doodskist (de)	табыт	[tabıt]
lijkwagen (de)	катафалк	[katafalk]
lijkkleed (de)	кебін	[kebın]

urn (de)	сауыт	[sawıt]
crematorium (het)	крематорий	[krematɔrıj]

overlijdensbericht (het)	азанама	[azanama]
huilen (wenen)	жылау	[ʒılaw]
snikken (huilen)	аңырау	[aŋıraw]

111. Oorlog. Soldaten

peloton (het)	взвод	[vzvɔd]
compagnie (de)	рота	[rɔta]
regiment (het)	полк	[pɔlk]
leger (armee)	армия	[armıja]
divisie (de)	дивизия	[dıwızıja]
sectie (de)	жасақ	[ʒasaq]
troep (de)	әскер	[æsker]

soldaat (militair)	солдат	[sɔldat]
officier (de)	офицер	[ɔfɪtser]
soldaat (rang)	қатардағы	[qatardaɣɯ]
sergeant (de)	сержант	[serʒant]
luitenant (de)	лейтенант	[lejtenant]
kapitein (de)	капитан	[kapɪtan]
majoor (de)	майор	[major]
kolonel (de)	полковник	[pɔlkɔvnɪk]
generaal (de)	генерал	[general]
matroos (de)	теңізші	[teŋɪzʃɪ]
kapitein (de)	капитан	[kapɪtan]
bootsman (de)	боцман	[bɔtsman]
artillerist (de)	артиллерист	[artɪllerɪst]
valschermjager (de)	десантшы	[desantʃɯ]
piloot (de)	ұшқыш	[uʃqɯʃ]
stuurman (de)	штурман	[ʃtwrman]
mecanicien (de)	механик	[mehanɪk]
sappeur (de)	сапёр	[sapør]
parachutist (de)	парашютші	[paraʃytʃɪ]
verkenner (de)	барлаушы	[barlawʃɯ]
scherpschutter (de)	мерген	[mergen]
patrouille (de)	патруль	[patrwʎ]
patrouilleren (ww)	күзету	[kyzetw]
wacht (de)	сақшы	[saqʃɯ]
krijger (de)	жауынгер	[ʒawɯŋer]
held (de)	батыр	[batɯr]
heldin (de)	батыр	[batɯr]
patriot (de)	отаншыл	[ɔtanʃɯl]
verrader (de)	сатқын	[satqɯn]
deserteur (de)	қашқын	[qaʃqɯn]
deserteren (ww)	әскерден қашу	[æskerden qaʃw]
huurling (de)	жалдамшы	[ʒaldamʃɯ]
rekruut (de)	жаңа шақырылған	[ʒaŋa ʃaqɯrɯlɣan]
vrijwilliger (de)	өзі тіленгендер	[øzɪ tɪleŋender]
gedode (de)	өлген	[ølgen]
gewonde (de)	жарақаттанған	[ʒaraqattanɣan]
krijgsgevangene (de)	тұтқын	[tutqɯn]

112. Oorlog. Militaire acties. Deel 1

oorlog (de)	соғыс	[sɔɣɯs]
oorlog voeren (ww)	соғысу	[sɔɣɯsw]
burgeroorlog (de)	азамат соғысы	[azamat sɔɣɯsɯ]
achterbaks (bw)	опасыз	[ɔpasɯz]
oorlogsverklaring (de)	жариялау	[ʒarɪjalaw]

verklaren (de oorlog ~)	жариялау	[ʒarıjalaw]
agressie (de)	агрессия	[agressıja]
aanvallen (binnenvallen)	шабуыл жасау	[ʃabwıl ʒasaw]
binnenvallen (ww)	басып алу	[basıp alw]
invaller (de)	басқыншы	[basqınʃı]
veroveraar (de)	шапқыншы	[ʃapqınʃı]
verdediging (de)	қорғаныс	[qorɣanıs]
verdedigen (je land ~)	қорғау	[qorɣaw]
zich verdedigen (ww)	қорғану	[qorɣanw]
vijand, tegenstander (de)	жау	[ʒaw]
vijandelijk (bn)	жау	[ʒaw]
strategie (de)	стратегия	[strategıja]
tactiek (de)	тактика	[taktıka]
order (de)	бұйрық	[bujrıq]
bevel (het)	команда	[komanda]
bevelen (ww)	бұйыру	[bujırw]
opdracht (de)	тапсырма	[tapsırma]
geheim (bn)	құпия	[qupıja]
veldslag (de)	айқас	[ajqas]
strijd (de)	шайқас	[ʃajqas]
aanval (de)	шабуыл	[ʃabwıl]
bestorming (de)	шабуыл	[ʃabwıl]
bestormen (ww)	шабуыл жасау	[ʃabwıl ʒasaw]
bezetting (de)	қамау	[qamaw]
aanval (de)	шабуыл	[ʃabwıl]
in het offensief te gaan	шабуылдау	[ʃabwıldaw]
terugtrekking (de)	шегіну	[ʃæginw]
zich terugtrekken (ww)	шегіну	[ʃæginw]
omsingeling (de)	қоршау	[qorʃaw]
omsingelen (ww)	қоршау	[qorʃaw]
bombardement (het)	бомбалау	[bombalaw]
een bom gooien	бомба тастау	[bomba tastaw]
bombarderen (ww)	бомба тастау	[bomba tastaw]
ontploffing (de)	жарылыс	[ʒarılıs]
schot (het)	атыс	[atıs]
een schot lossen	атып жіберу	[atıp ʒıberw]
schieten (het)	атыс	[atıs]
mikken op (ww)	дәлдеу	[dældew]
aanleggen (een wapen ~)	зеңбіректі кезеу	[zeŋbırekti kezew]
treffen (doelwit ~)	нысанаға тигізу	[nısanaɣa tıgızw]
zinken (tot zinken brengen)	суға батыру	[swɣa batırw]
kogelgat (het)	тесілген жер	[tesılgen ʒer]

zinken (gezonken zijn)	судың түбіне кету	[swdıŋ tybıne ketw]
front (het)	майдан	[majdan]
hinterland (het)	тыл	[tıl]
evacuatie (de)	көшіру	[køʃırw]
evacueren (ww)	көшіру	[køʃırw]
loopgraaf (de)	окоп, траншея	[ɔkɔp], [tranʃæja]
prikkeldraad (de)	тікенді сым	[tıkendı sım]
verdedigingsobstakel (het)	бөгет	[bøget]
wachttoren (de)	мұнара	[munara]
hospitaal (het)	госпиталь	[gɔspıtaʎ]
verwonden (ww)	жаралау	[ʒaralaw]
wond (de)	жара	[ʒara]
gewonde (de)	жараланған	[ʒaralanɣan]
gewond raken (ww)	жаралану	[ʒaralanw]
ernstig (~e wond)	ауыр	[awır]

113. Oorlog. Militaire acties. Deel 2

krijgsgevangenschap (de)	тұтқын	[tutqın]
krijgsgevangen nemen	тұтқынға алу	[tutqınɣa alw]
krijgsgevangene zijn	тұтқында болу	[tutqında bolw]
krijgsgevangen genomen worden	тұтқынға түсу	[twtqınɣa tysw]
concentratiekamp (het)	концлагерь	[kɔntslager^j]
krijgsgevangene (de)	тұтқын	[tutqın]
vluchten (ww)	Тұтқыннан қашу	[tutqıŋan qaʃw]
verraden (ww)	сатылу	[satılw]
verrader (de)	сатқын	[satqın]
verraad (het)	опасыздық	[ɔpasızdıq]
fusilleren (executeren)	атып өлтіру	[atıp øltırw]
executie (de)	ату жазасы	[atw ʒazası]
uitrusting (de)	киім	[kı:m]
schouderstuk (het)	иық белгі	[ı:q belgı]
gasmasker (het)	газқағар	[gazqaɣar]
portofoon (de)	рация	[ratsıja]
geheime code (de)	мұқам	[muqam]
samenzwering (de)	конспирация	[kɔnspıratsıja]
wachtwoord (het)	пароль	[parɔʎ]
mijn (landmijn)	мина	[mına]
ondermijnen (legden mijnen)	миналап тастау	[mınalap tastaw]
mijnenveld (het)	миналы дала	[mınalı dala]
luchtalarm (het)	әуе дабылы	[æwe dabılı]
alarm (het)	дабыл	[dabıl]
signaal (het)	дабыл	[dabıl]
vuurpijl (de)	сигнал ракетасы	[sıgnal raketası]

staf (generale ~)	штаб	[ʃtab]
verkenningstocht (de)	барлау	[barlaw]
toestand (de)	жағдай	[ʒaɣdaj]
rapport (het)	баянат	[bajanat]
hinderlaag (de)	тосқауыл	[tɔsqawıl]
versterking (de)	жәрдем	[ʒærdem]
doel (bewegend ~)	нысана	[nısana]
proefterrein (het)	полигон	[pɔlıgɔn]
manoeuvres (mv.)	маневрлар	[manevrlar]
paniek (de)	дүрбелең	[dyrbeleŋ]
verwoesting (de)	бүлінушілік	[bylınwʃılık]
verwoestingen (mv.)	қиратулар	[qıratwlar]
verwoesten (ww)	бұзу	[buzw]
overleven (ww)	тірі қалу	[tırı qalw]
ontwapenen (ww)	қаруын тастату	[qarwın tastatw]
behandelen (een pistool ~)	ұстау	[ustaw]
Geeft acht!	Тік тұр!	[tık tʊr]
Op de plaats rust!	Еркін!	[erkın]
heldendaad (de)	батырлық	[batırlıq]
eed (de)	ант	[ant]
zweren (een eed doen)	анттасу	[anttasw]
decoratie (de)	марапат	[marapat]
onderscheiden (een ereteken geven)	марапаттау	[marapattaw]
medaille (de)	медаль	[medaʎ]
orde (de)	орден	[ɔrden]
overwinning (de)	жеңіс	[ʒeŋıs]
verlies (het)	жеңіліс	[ʒeŋılıs]
wapenstilstand (de)	бітім	[bıtım]
wimpel (vaandel)	ту	[tw]
roem (de)	дабыс	[dabıs]
parade (de)	парад	[parad]
marcheren (ww)	әскерше жүру	[æskerʃæ ʒyrw]

114. Wapens

wapens (mv.)	қару	[qarw]
vuurwapens (mv.)	ату қаруы	[atw qarwı]
koude wapens (mv.)	суық қару	[swıq qarw]
chemische wapens (mv.)	химиялық қару	[hımıjalıq qarw]
kern-, nucleair (bn)	ядролық	[jadrɔlıq]
kernwapens (mv.)	ядролық қару	[jadrɔlıq qarw]
bom (de)	бомба	[bɔmba]
atoombom (de)	атом бомбасы	[atɔm bɔmbası]

pistool (het)	тапанша	[tapanʃa]
geweer (het)	мылтық	[mıltıq]
machinepistool (het)	автомат	[avtɔmat]
machinegeweer (het)	пулемёт	[pwlemøt]
loop (schietbuis)	ауыз	[awız]
loop (bijv. geweer met kortere ~)	оқпан	[ɔqpan]
kaliber (het)	калибр	[kalıbr]
trekker (de)	шүріппе	[ʃyrıpe]
korrel (de)	көздеуіш	[køzdewıʃ]
magazijn (het)	қорап	[qɔrap]
geweerkolf (de)	шүйде	[ʃyjde]
granaat (handgranaat)	граната	[granata]
explosieven (mv.)	жарылғыш зат	[ʒarılɣıʃ zat]
kogel (de)	оқ	[ɔq]
patroon (de)	патрон	[patrɔn]
lading (de)	заряд	[zarʲad]
ammunitie (de)	оқ-дәрілер	[ɔq dærıler]
bommenwerper (de)	бомбалаушы	[bɔmbalawʃı]
straaljager (de)	жойғыш	[ʒɔjɣıʃ]
helikopter (de)	тікұшақ	[tıkuʃaq]
afweergeschut (het)	зенит зеңбірегі	[zenıt zeŋbıregı]
tank (de)	танк	[taŋk]
kanon (tank met een ~ van 76 mm)	зеңбірек	[zeŋbırek]
artillerie (de)	артиллерия	[artıllerıja]
aanleggen (een wapen ~)	бағыттау	[baɣıttaw]
projectiel (het)	снаряд	[snarʲad]
mortiergranaat (de)	мина	[mına]
mortier (de)	миномёт	[mınɔmøt]
granaatscherf (de)	жарқыншақ	[ʒarqınʃaq]
duikboot (de)	сүңгуір қайық	[syŋgwır qajıq]
torpedo (de)	торпеда	[tɔrpeda]
raket (de)	ракета	[raketa]
laden (geweer, kanon)	оқтау	[ɔqtaw]
schieten (ww)	ату	[atw]
richten op (mikken)	дәлдеу	[dældew]
bajonet (de)	найза	[najza]
degen (de)	сапы	[sapı]
sabel (de)	қылыш	[qılıʃ]
speer (de)	найза	[najza]
boog (de)	садақ	[sadaq]
pijl (de)	оқ	[ɔq]
musket (de)	мушкет	[mwʃket]
kruisboog (de)	арбалет	[arbalet]

115. Oude mensen

primitief (bn)	алғашқы қауымдық	[alɣaʃqɯ qawɯmdɯq]
voorhistorisch (bn)	тарихтан бұрынғы	[tarɯhtan bʊrɯŋɣɯ]
eeuwenoude (~ beschaving)	ежелгі	[eʒelgɯ]

Steentijd (de)	Тас ғасыры	[tas ɣasɯrɯ]
Bronstijd (de)	Қола дәуірі	[qɔla dæwɯrɯ]
IJstijd (de)	мұз дәуірі	[mʊz dæwɯrɯ]

stam (de)	тайпа	[tajpa]
menseneter (de)	жалмауыз	[ʒalmawɯz]
jager (de)	аңшы	[aŋʃɯ]
jagen (ww)	аулау	[awlaw]
mammoet (de)	мамонт	[mamɔnt]

grot (de)	үңгір	[juŋgɯr]
vuur (het)	от	[ɔt]
kampvuur (het)	алау	[alaw]
rotstekening (de)	жартасқа салынған сурет	[ʒartasqa salɯnɣan swret]

werkinstrument (het)	еңбек құралы	[eŋbek qʊralɯ]
speer (de)	найза	[najza]
stenen bijl (de)	тас балтасы	[tas baltasɯ]
oorlog voeren (ww)	соғысу	[sɔɣɯsw]
temmen (bijv. wolf ~)	қолға үйрету	[qɔlɣa jujretw]

idool (het)	пұт	[pʊt]
aanbidden (ww)	сыйыну	[sɯjɯnw]
bijgeloof (het)	ырымшылдық	[ɯrɯmʃɯldɯq]

evolutie (de)	эволюция	[ɛvalytsɯja]
ontwikkeling (de)	дамушылық	[damwʃɯlɯq]
verdwijning (de)	ғайып болу	[ɣajɯp bɔlw]
zich aanpassen (ww)	бейімделу	[bejɯmdelw]

archeologie (de)	археология	[arheɔlɔgɯja]
archeoloog (de)	археолог	[arheɔlɔg]
archeologisch (bn)	археологиялық	[arheɔlɔgɯjalɯq]

opgravingsplaats (de)	қазулар	[qazwlar]
opgravingen (mv.)	қазулар	[qazwlar]
vondst (de)	олжа	[ɔlʒa]
fragment (het)	үзінді	[juzɯndɯ]

116. Middeleeuwen

volk (het)	халық	[halɯq]
volkeren (mv.)	халықтар	[halɯqtar]
stam (de)	тайпа	[tajpa]
stammen (mv.)	тайпалар	[tajpalar]
barbaren (mv.)	варвардар	[varvardar]
Galliërs (mv.)	галлдар	[galldar]

Goten (mv.)	готтар	[gɔttar]
Slaven (mv.)	славяндар	[slavʲandar]
Vikings (mv.)	викингтер	[wɪkɪŋter]

Romeinen (mv.)	римдіктер	[rɪmdɪkter]
Romeins (bn)	рим	[rɪm]

Byzantijnen (mv.)	византиялықтар	[wɪzantɪjalɪqtar]
Byzantium (het)	Византия	[wɪzantɪja]
Byzantijns (bn)	византиялық	[wɪzantɪjalɪq]

keizer (bijv. Romeinse ~)	император	[ɪmperatɔr]
opperhoofd (het)	көсем	[køsem]
machtig (bn)	құдіретті	[qʊdɪretti]
koning (de)	король	[kɔrɔʎ]
heerser (de)	билеуші	[bɪlewʃɪ]

ridder (de)	сері	[serɪ]
feodaal (de)	феодал	[feɔdal]
feodaal (bn)	феодалдық	[feɔdaldɪq]
vazal (de)	вассал	[vassal]

hertog (de)	герцог	[gertsɔg]
graaf (de)	граф	[graf]
baron (de)	барон	[barɔn]
bisschop (de)	епископ	[epɪskɔp]

harnas (het)	қару-жарақ	[qarw ʒaraq]
schild (het)	қалқан	[qalqan]
zwaard (het)	қылыш	[qɪlɪʃ]
vizier (het)	қалқан	[qalqan]
maliënkolder (de)	берен	[beren]

kruistocht (de)	крест жорығы	[krest ʒɔrɪɣɪ]
kruisvaarder (de)	кресші	[kresʃɪ]

gebied (bijv. bezette ~en)	территория	[terrɪtɔrɪja]
aanvallen (binnenvallen)	шабуыл жасау	[ʃabwɪl ʒasaw]
veroveren (ww)	жаулап алу	[ʒawlap alw]
innemen (binnenvallen)	басып алу	[basɪp alw]

bezetting (de)	қамау	[qamaw]
bezet (bn)	қоршалған	[qɔrʃalɣan]
belegeren (ww)	қоршап алу	[qɔrʃap alw]

inquisitie (de)	инквизиция	[ɪŋkwɪzɪtsɪja]
inquisiteur (de)	инквизитор	[ɪŋkwɪzɪtɔr]
foltering (de)	азап	[azap]
wreed (bn)	қатал	[qatal]
ketter (de)	дінбұзар	[dɪnbʊzar]
ketterij (de)	дінбұзарлық	[dɪnbʊzarlɪq]

zeevaart (de)	теңізде жүзу	[teŋɪzde ʒyzw]
piraat (de)	пират	[pɪrat]
piraterij (de)	қарақшылық	[qaraqʃɪlɪq]
enteren (het)	абордаж	[abɔrdaʒ]

buit (de)	олжа	[ɔʟ̥ɢɑ]
schatten (mv.)	қазыналар	[qɑzɯnɑlɑr]

ontdekking (de)	ашу	[ɑʃw]
ontdekken (bijv. nieuw land)	ашу	[ɑʃw]
expeditie (de)	экспедиция	[ɛkspedɪtsɪjɑ]

musketier (de)	мушкетёр	[mwʃketør]
kardinaal (de)	кардинал	[kɑrdɪnɑl]
heraldiek (de)	геральдика	[gerɑʎdɯkɑ]
heraldisch (bn)	геральдикалық	[gerɑʎdɯkɑlɯq]

117. Leider. Baas. Autoriteiten

koning (de)	король	[kɔrɔʎ]
koningin (de)	королева	[kɔrɔlevɑ]
koninklijk (bn)	корольдық	[kɔrɔʎdɯq]
koninkrijk (het)	корольдық	[kɔrɔʎdɯq]

prins (de)	ханзада	[hɑnzɑdɑ]
prinses (de)	ханшайым	[hɑnʃɑjɯm]

president (de)	президент	[prezɪdent]
vicepresident (de)	вице-президент	[wɪtse prezɪdent]
senator (de)	сенатор	[senɑtɔr]

monarch (de)	монарх	[mɔnɑrh]
heerser (de)	билеуші	[bɪlewʃɪ]
dictator (de)	диктатор	[dɪktɑtɔr]
tiran (de)	тиран	[tɪrɑn]
magnaat (de)	магнат	[mɑgnɑt]

directeur (de)	директор	[dɪrektɔr]
chef (de)	бастық	[bɑstɯq]
beheerder (de)	басқарушы	[bɑsqɑrwʃɪ]
baas (de)	босс	[bɔss]
eigenaar (de)	ие	[ɪe]

hoofd (bijv. ~ van de delegatie)	басшы	[bɑsʃɪ]
autoriteiten (mv.)	өкіметтер	[økɪmeter]
superieuren (mv.)	бастықтар	[bɑstɯqtɑr]

gouverneur (de)	губернатор	[gwbernɑtɔr]
consul (de)	консул	[kɔnswl]
diplomaat (de)	дипломат	[dɪplɔmɑt]

burgemeester (de)	қалабасы	[qɑlɑbɑsɯ]
sheriff (de)	шериф	[ʃærɪf]

keizer (bijv. Romeinse ~)	император	[ɪmperɑtɔr]
tsaar (de)	патша	[pɑtʃɑ]
farao (de)	перғауын	[perɣɑwɯn]
kan (de)	хан	[hɑn]

118. De wet overtreden. Criminelen. Deel 1

bandiet (de)	бандит	[bandıt]
misdaad (de)	қылмыс	[qılmıs]
misdadiger (de)	қылмыскер	[qılmısker]
dief (de)	ұры	[ʊrı]
stelen (ww)	ұрлау	[ʊrlaw]
stelen, diefstal (de)	ұрлық	[ʊrlıq]
kidnappen (ww)	ұрлап алу	[ʊrlap alw]
kidnapping (de)	жымқыру	[ʒımqırw]
kidnapper (de)	ұрлаушы	[ʊrlawʃı]
losgeld (het)	құн	[qʊn]
eisen losgeld (ww)	құнды талап ету	[qʊndı talap etw]
overvallen (ww)	тонау	[tɔnaw]
overval (de)	қарақшылық	[qaraqʃılıq]
overvaller (de)	тонаушы	[tɔnawʃı]
afpersen (ww)	қорқытып алу	[qɔrqıtıp alw]
afperser (de)	қорқытып алушы	[qɔrqıtıp alwʃı]
afpersing (de)	қорқытып алушылық	[qɔrqıtıp alwʃılıq]
vermoorden (ww)	өлтіру	[øltırw]
moord (de)	өлтірушілік	[øltırwʃılık]
moordenaar (de)	өлтіруші	[øltırwʃı]
schot (het)	ату	[atw]
een schot lossen	атып жіберу	[atıp ʒıberw]
neerschieten (ww)	атып өлтіру	[atıp øltırw]
schieten (ww)	ату	[atw]
schieten (het)	атыс	[atıs]
ongeluk (gevecht, enz.)	оқиға	[ɔqıɣa]
gevecht (het)	төбелес	[tøbeles]
Help!	Көмекке! Құтқараңыз!	[kømekke qʊtqarıŋız]
slachtoffer (het)	құрбан	[qʊrban]
beschadigen (ww)	зақымдау	[zaqımdaw]
schade (de)	зиян	[zıjan]
lijk (het)	өлік	[ølık]
zwaar (~ misdrijf)	ауыр	[awır]
aanvallen (ww)	бас салу	[bas salw]
slaan (iemand ~)	ұру	[ʊrw]
in elkaar slaan (toetakelen)	ұрып-соғу	[ʊrıp sɔɣw]
ontnemen (beroven)	тартып алу	[tartıp alw]
steken (met een mes)	бауыздау	[bawızdaw]
verminken (ww)	зағыптандыру	[zaɣıptandırw]
verwonden (ww)	жаралау	[ʒaralaw]
chantage (de)	бопса	[bɔpsa]
chanteren (ww)	бопсалау	[bɔpsalaw]

chanteur (de)	бопсашыл	[bɔpsaʃıl]
afpersing (de)	рэкет	[rɛket]
afperser (de)	рэкетир	[rɛketır]
gangster (de)	гангстер	[gaŋster]
maffia (de)	мафия	[mafıja]
kruimeldief (de)	қалталық ұры	[qaltalıq urı]
inbreker (de)	бұзып түсетін ұры	[buzıp tysetın urı]
smokkelen (het)	контрабанда	[kɔntrabanda]
smokkelaar (de)	контрабандашы	[kɔntrabandaʃı]
namaak (de)	жалған	[ʒalɣan]
namaken (ww)	жалған істеу	[ʒalɣan ıstew]
namaak-, vals (bn)	жалған	[ʒalɣan]

119. De wet overtreden. Criminelen. Deel 2

verkrachting (de)	зорлау	[zɔrlaw]
verkrachten (ww)	зорлау	[zɔrlaw]
verkrachter (de)	зорлаушы	[zɔrlawʃı]
maniak (de)	маньяк	[maɲjak]
prostituee (de)	жезөкше	[ʒezøkʃæ]
prostitutie (de)	жезөкшелік	[ʒezøkʃælık]
pooier (de)	сутенёр	[swtenør]
drugsverslaafde (de)	нашақор	[naʃaqɔr]
drugshandelaar (de)	есірткілермен саудагер	[esırtkılermen sawdager]
opblazen (ww)	жару	[ʒarw]
explosie (de)	жарылыс	[ʒarılıs]
in brand steken (ww)	өртеу	[ørtew]
brandstichter (de)	өртеуші	[ørtewʃı]
terrorisme (het)	терроризм	[terrɔrızm]
terrorist (de)	терроршы	[terrɔrʃı]
gijzelaar (de)	кепілгер	[kepılger]
bedriegen (ww)	алдау	[aldaw]
bedrog (het)	алдаушылық	[aldawʃılıq]
oplichter (de)	алаяқ	[alajaq]
omkopen (ww)	сатып алу	[satıp alw]
omkoperij (de)	параға сатып алу	[paraɣa satıp alw]
smeergeld (het)	пара	[para]
vergif (het)	у	[w]
vergiftigen (ww)	уландыру	[wlandırw]
vergif innemen (ww)	улану	[wlanw]
zelfmoord (de)	өзін-өзі өлтірушілік	[øzın ɔzı øltırwʃılık]
zelfmoordenaar (de)	өзін-өзі өлтіруші	[øzın ɔzı øltırwʃı]
bedreigen (bijv. met een pistool)	қоқақтау	[qɔqaqtaw]

bedreiging (de)	қауіп	[qawıp]
een aanslag plegen	қастандық жасау	[qastandıq ʒasaw]
aanslag (de)	қастандық	[qastandıq]
stelen (een auto)	айдап әкету	[ajdap æketw]
kapen (een vliegtuig)	айдап әкету	[ajdap æketw]
wraak (de)	кек	[kek]
wreken (ww)	кек алу	[kek alw]
martelen (gevangenen)	азаптату	[azaptatw]
foltering (de)	азап	[azap]
folteren (ww)	азаптау	[azaptaw]
piraat (de)	пират	[pırat]
straatschender (de)	бейбастақ	[bejbastaq]
gewapend (bn)	жарақты	[ʒaraqtı]
geweld (het)	зорлық	[zorlıq]
spionage (de)	тыңшылық	[tıŋʃılıq]
spioneren (ww)	тыңшы болу	[tıŋʃı bolw]

120. Politie. Wet. Deel 1

gerecht (het)	әділеттілік	[ædılettılık]
gerechtshof (het)	сот	[sɔt]
rechter (de)	төреші	[tøreʃı]
jury (de)	сот мүшелері	[sɔt myʃæleri]
juryrechtspraak (de)	ант берушілер соты	[ant berwʃıler sɔtı]
berechten (ww)	соттау	[sɔttaw]
advocaat (de)	қорғаушы	[qɔrɣawʃı]
beklaagde (de)	айыпкер	[ajıpker]
beklaagdenbank (de)	айыпкерлер отырғышы	[ajıpkerler ɔtırɣıʃı]
beschuldiging (de)	айып	[ajıp]
beschuldigde (de)	айыпкер	[ajıpker]
vonnis (het)	үкім	[jukım]
veroordelen (in een rechtszaak)	үкім шығару	[jukım ʃıɣarw]
schuldige (de)	айыпкер	[ajıpker]
straffen (ww)	жазалау	[ʒazalaw]
bestraffing (de)	жаза	[ʒaza]
boete (de)	айыппұл	[ajıppʊl]
levenslange opsluiting (de)	өмірлік қамау	[ømırlık qamaw]
doodstraf (de)	өлім жазасы	[ølım ʒazası]
elektrische stoel (de)	электр орындығы	[ɛlektr ɔrındıɣı]
schavot (het)	дар	[dar]
executeren (ww)	өлтіру	[øltırw]
executie (de)	өлім жазасы	[ølım ʒazası]

gevangenis (de)	абақты	[abaqtı]
cel (de)	камера	[kamera]
konvooi (het)	айдаул	[ajdawl]
gevangenisbewaker (de)	қараушы	[qarawʃı]
gedetineerde (de)	қамалған	[qamalɣan]
handboeien (mv.)	колкісен	[qolkısen]
handboeien omdoen	қол кісендерді тағу	[qol kısenderdı taɣw]
ontsnapping (de)	қашу	[qaʃw]
ontsnappen (ww)	қашу	[qaʃw]
verdwijnen (ww)	жоғалу	[ʒoɣalw]
vrijlaten (uit de gevangenis)	босату	[bosatw]
amnestie (de)	амнистия	[amnıstıja]
politie (de)	полиция	[polıtsıja]
politieagent (de)	полицейлік	[polıtsejlık]
politiebureau (het)	полиция қосыны	[polıtsıja qosını]
knuppel (de)	резеңке таяқ	[rezeŋke tajaq]
megafoon (de)	рупор	[rwpor]
patrouilleerwagen (de)	патрулдік машина	[patrwldık maʃına]
sirene (de)	сирена	[sırena]
de sirene aansteken	сиренаны қосу	[sırenanı qosw]
geloei (het) van de sirene	сарнау	[sarnaw]
plaats delict (de)	оқиға орыны	[oqıɣa orını]
getuige (de)	куәгер	[kwæger]
vrijheid (de)	бостандық	[bostandıq]
handlanger (de)	сыбайлас	[sıbajlas]
ontvluchten (ww)	жасырыну	[ʒasırınw]
spoor (het)	із	[ız]

121. Politie. Wet. Deel 2

opsporing (de)	іздестіру	[ızdestırw]
opsporen (ww)	іздеу	[ızdew]
verdenking (de)	күдік	[kydık]
verdacht (bn)	күдікті	[kydıktı]
aanhouden (stoppen)	тоқтату	[toqtatw]
tegenhouden (ww)	ұстау	[ʊstaw]
strafzaak (de)	іс	[ıs]
onderzoek (het)	тергеу	[tergew]
detective (de)	детектив	[detektıv]
onderzoeksrechter (de)	тергеуші	[tergewʃı]
versie (de)	версия	[wersıja]
motief (het)	себеп	[sebep]
verhoor (het)	жауап алу	[ʒawap alw]
ondervragen (door de politie)	жауап алу	[ʒawap alw]
ondervragen (omstanders ~)	сұрау	[sʊraw]
controle (de)	тексеру	[tekserw]

razzia (de)	қамап алу	[qamap alw]
huiszoeking (de)	тінту	[tıntw]
achtervolging (de)	қуғын	[qwɣın]
achtervolgen (ww)	қуғындау	[qwɣındaw]
opsporen (ww)	торуылдау	[tɔrwıldaw]

arrest (het)	тұтқынға алу	[tʊtqınɣa alw]
arresteren (ww)	тұтқындау	[tʊtqındaw]
vangen, aanhouden (een dief, enz.)	ұстап алу	[ʊstap alw]

document (het)	құжат	[qʊʒat]
bewijs (het)	дәлел	[dæleʎ]
bewijzen (ww)	дәлелдеу	[dæleldew]
voetspoor (het)	із	[ız]
vingerafdrukken (mv.)	саусақтардың таңбалары	[sawsaqtardıŋ taŋbaları]
bewijs (het)	дәлел	[dæleʎ]

alibi (het)	алиби	[alıbı]
onschuldig (bn)	айыпсыз	[ajıpsız]
onrecht (het)	әділетсіздік	[ædıletsızdık]
onrechtvaardig (bn)	әділетсіз	[ædıletsız]

crimineel (bn)	қылмыстық	[qılmıstıq]
confisqueren (in beslag nemen)	тәркілеу	[tærkılew]
drug (de)	есірткі	[esırtkı]
wapen (het)	қару	[qarw]
ontwapenen (ww)	қарусыздандыру	[qarwsızdandırw]
bevelen (ww)	бұйыру	[bʊjırw]
verdwijnen (ww)	жоғалу	[ʒɔɣalw]

wet (de)	заң	[zaŋ]
wettelijk (bn)	заңды	[zaŋdı]
onwettelijk (bn)	заңсыз	[zaŋsız]

verantwoordelijkheid (de)	жауапкершілік	[ʒawapkerʃılık]
verantwoordelijk (bn)	жауапты	[ʒawaptı]

NATUUR

De Aarde. Deel 1

122. De kosmische ruimte

kosmos (de)	ғарыш	[ɣarıʃ]
kosmisch (bn)	ғарыштық	[ɣarıʃtıq]
kosmische ruimte (de)	ғарыш кеңістігі	[ɣarıʃ keŋıstıgı]
wereld (de), heelal (het)	әлем	[ælem]
sterrenstelsel (het)	галактика	[galaktıka]
ster (de)	жұлдыз	[ʒuldız]
sterrenbeeld (het)	шоқжұлдыз	[ʃɔqʒuldız]
planeet (de)	планета	[planeta]
satelliet (de)	серік	[serık]
meteoriet (de)	метеорит	[meteɔrıt]
komeet (de)	комета	[kɔmeta]
asteroïde (de)	астероид	[asterɔıd]
baan (de)	орбита	[ɔrbıta]
draaien (om de zon, enz.)	айналу	[ajnalw]
atmosfeer (de)	атмосфера	[atmɔsfera]
Zon (de)	күн	[kyn]
zonnestelsel (het)	күн жүйесі	[kyn ʒyjesı]
zonsverduistering (de)	күн тұтылу	[kyn tutılw]
Aarde (de)	Жер	[ʒer]
Maan (de)	Ай	[aj]
Mars (de)	Марс	[mars]
Venus (de)	Венера	[wenera]
Jupiter (de)	Юпитер	[jupıter]
Saturnus (de)	Сатурн	[satwrn]
Mercurius (de)	Меркурий	[merkwrıj]
Uranus (de)	Уран	[wran]
Neptunus (de)	Нептун	[neptwn]
Pluto (de)	Плутон	[plwtɔn]
Melkweg (de)	Құс жолы	[qus ʒɔlı]
Grote Beer (de)	Жетіқарақшы	[ʒetıqaraqʃı]
Poolster (de)	Темірқазық	[temırqazıq]
marsmannetje (het)	марстық	[marstıq]
buitenaards wezen (het)	басқа планеталық	[basqa planetalıq]

bovenaards (het)	келімсек	[kelımsek]
vliegende schotel (de)	ұшатын тәрелке	[uʃatın tærelke]
ruimtevaartuig (het)	ғарыш кемесі	[ɣarıʃ kemesı]
ruimtestation (het)	орбиталық станция	[ɔrbıtalıq stantsıja]
start (de)	старт	[start]
motor (de)	двигатель	[dwıgateʎ]
straalpijp (de)	қақпақ	[qaqpaq]
brandstof (de)	жанармай	[ʒanarmaj]
cabine (de)	кабина	[kabına]
antenne (de)	антенна	[anteŋa]
patrijspoort (de)	иллюминатор	[ıllymınatɔr]
zonnebatterij (de)	күн батареясы	[kyn batarejası]
ruimtepak (het)	скафандр	[skafandr]
gewichtloosheid (de)	салмақсыздық	[salmaqsızdıq]
zuurstof (de)	оттегі	[ɔttegı]
koppeling (de)	түйісу	[tyjısw]
koppeling maken	түйісу жасау	[tyjısw ʒasaw]
observatorium (het)	обсерватория	[ɔbservatɔrija]
telescoop (de)	телескоп	[teleskɔp]
waarnemen (ww)	бақылау	[baqılaw]
exploreren (ww)	зерттеу	[zerttew]

123. De Aarde

Aarde (de)	Жер	[ʒer]
aardbol (de)	жер шары	[ʒer ʃarı]
planeet (de)	ғаламшар	[ɣalamʃar]
atmosfeer (de)	атмосфера	[atmɔsfera]
aardrijkskunde (de)	география	[geɔgrafija]
natuur (de)	табиғат	[tabıɣat]
wereldbol (de)	глобус	[glɔbws]
kaart (de)	карта	[karta]
atlas (de)	атлас	[atlas]
Europa (het)	Еуропа	[ewrɔpa]
Azië (het)	Азия	[azıja]
Afrika (het)	Африка	[afrıka]
Australië (het)	Австралия	[awstralıja]
Amerika (het)	Америка	[amerıka]
Noord-Amerika (het)	Солтүстік Америка	[sɔltystık amerıka]
Zuid-Amerika (het)	Оңтүстік Америка	[ɔŋtystık amerıka]
Antarctica (het)	Антарктида	[antarktıda]
Arctis (de)	Арктика	[arktıka]

124. Windrichtingen

noorden (het)	солтүстік	[sɔltystɪk]
naar het noorden	солтүстікке	[sɔltystɪkke]
in het noorden	солтүстікте	[sɔltystɪkte]
noordelijk (bn)	солтүстік	[sɔltystɪk]
zuiden (het)	оңтүстік	[ɔŋtystɪk]
naar het zuiden	оңтүстікке	[ɔŋtystɪkke]
in het zuiden	оңтүстікте	[ɔŋtystɪkte]
zuidelijk (bn)	оңтүстік	[ɔŋtystɪk]
westen (het)	батыс	[batıs]
naar het westen	батысқа	[batısqa]
in het westen	батыста	[batısta]
westelijk (bn)	батыс	[batıs]
oosten (het)	шығыс	[ʃıɣıs]
naar het oosten	шығысқа	[ʃıɣısqa]
in het oosten	шығыста	[ʃıɣısta]
oostelijk (bn)	шығыс	[ʃıɣıs]

125. Zee. Oceaan

zee (de)	теңіз	[teŋız]
oceaan (de)	мұхит	[mʊhıt]
golf (baai)	шығанақ	[ʃıɣanaq]
straat (de)	бұғаз	[bʊɣaz]
grond (vaste grond)	жер	[ʒer]
continent (het)	материк	[materık]
eiland (het)	арал	[aral]
schiereiland (het)	түбек	[tybek]
archipel (de)	архипелаг	[arhıpelag]
baai, bocht (de)	айлақ	[ajlaq]
haven (de)	гавань	[gavaɲ]
lagune (de)	лагуна	[lagwna]
kaap (de)	мүйіс	[myjıs]
atol (de)	атолл	[atɔll]
rif (het)	риф	[rıf]
koraal (het)	маржан	[marʒan]
koraalrif (het)	маржан риф	[marʒan rıf]
diep (bn)	терең	[tereŋ]
diepte (de)	тереңдік	[tereŋdık]
diepzee (de)	түпсіз	[typsız]
trog (bijv. Marianentrog)	шұқыр	[ʃʊqır]
stroming (de)	ағын	[aɣın]
omspoelen (ww)	ұласу	[ʊlasw]
oever (de)	жаға	[ʒaɣa]

kust (de)	жағалау	[ʒaɣalaw]
vloed (de)	судың келуі	[swdıŋ kelwı]
eb (de)	судың қайтуы	[swdıŋ qajtwı]
ondiepte (ondiep water)	барқын	[barqın]
bodem (de)	түп	[typ]
golf (hoge ~)	толқын	[tɔlqın]
golfkam (de)	толқынның жотасы	[tɔlqınıŋ ʒɔtası]
schuim (het)	көбік	[købık]
storm (de)	дауыл	[dawıl]
tsunami (de)	цунами	[ʦwnamı]
windstilte (de)	тымық	[tımıq]
kalm (bijv. ~e zee)	тыныҡ	[tınıq]
pool (de)	полюс	[pɔlys]
polair (bn)	поляр	[pɔʎar]
breedtegraad (de)	ендік	[endık]
lengtegraad (de)	бойлық	[bɔjlıq]
parallel (de)	параллель	[paralleʎ]
evenaar (de)	экватор	[ɛkvatɔr]
hemel (de)	аспан	[aspan]
horizon (de)	көкжиек	[køkʒıek]
lucht (de)	ауа	[awa]
vuurtoren (de)	шамшырақ	[ʃamʃıraq]
duiken (ww)	сүңгу	[syŋgw]
zinken (ov. een boot)	батып кету	[batıp ketw]
schatten (mv.)	қазына	[qazına]

126. Namen van zeeën en oceanen

Atlantische Oceaan (de)	Атлант мұхиты	[atlant muhıtı]
Indische Oceaan (de)	Үнді мұхиті	[jundı muhıtı]
Stille Oceaan (de)	Тынық мұхит	[tınıq muhıt]
Noordelijke IJszee (de)	Солтүстік мұзды мұхиті	[sɔltystık muzdı muhıtı]
Zwarte Zee (de)	Қара теңіз	[qara teŋız]
Rode Zee (de)	Қызыл теңіз	[qızıl teŋız]
Gele Zee (de)	Сары теңіз	[sarı teŋız]
Witte Zee (de)	Ақ теңіз	[aq teŋız]
Kaspische Zee (de)	Каспий теңізі	[kaspıj teŋızı]
Dode Zee (de)	Өлген теңіз	[ølgen teŋız]
Middellandse Zee (de)	Жерорта теңізі	[ʒerɔrta teŋızı]
Egeïsche Zee (de)	Эгей теңізі	[ɛgej teŋızı]
Adriatische Zee (de)	Адриатикалық теңіз	[adrıatıkalıq teŋız]
Arabische Zee (de)	Аравиялық теңіз	[arawıjalıq teŋız]
Japanse Zee (de)	Жапон теңізі	[ʒapon teŋızı]
Beringzee (de)	Беринг теңізі	[berıŋ teŋızı]

Zuid-Chinese Zee (de)	Оңтүстік-Қытай теңізі	[ɔŋtystık qıtaj teŋızı]
Koraalzee (de)	Маржан теңізі	[marʒan teŋızı]
Tasmanzee (de)	Тасман теңізі	[tasman teŋızı]
Caribische Zee (de)	Карибиялық теңіз	[karıbıjalıq teŋız]
Barentszzee (de)	Баренц теңізі	[barents teŋızı]
Karische Zee (de)	Карск теңізі	[karsk teŋızı]
Noordzee (de)	Солтүстік теңіз	[sɔltystık teŋız]
Baltische Zee (de)	Балтық теңізі	[baltıq teŋızı]
Noorse Zee (de)	Норвегиялық теңіз	[nɔrwegıjalıq teŋız]

127. Bergen

berg (de)	тау	[taw]
bergketen (de)	тау тізбектері	[taw tızbekterı]
gebergte (het)	тау қырқасы	[taw qırqası]
bergtop (de)	шың	[ʃıŋ]
bergpiek (de)	шың	[ʃıŋ]
voet (ov. de berg)	етек	[etek]
helling (de)	бөктер	[bøkter]
vulkaan (de)	жанартау	[ʒanartaw]
actieve vulkaan (de)	сөнбеген жанартау	[sønbegen ʒanartaw]
uitgedoofde vulkaan (de)	сөнген жанартау	[søŋen ʒanartaw]
uitbarsting (de)	атқарылу	[aqtarılw]
krater (de)	кратер	[krater]
magma (het)	магма	[magma]
lava (de)	лава	[lava]
gloeiend (~e lava)	қызған	[qızɣan]
kloof (canyon)	каньон	[kanʲɔn]
bergkloof (de)	басат	[basat]
spleet (de)	жарық	[ʒarıq]
bergpas (de)	асу	[asw]
plateau (het)	үстірт	[justırt]
klip (de)	жартас	[ʒartas]
heuvel (de)	белес	[beles]
gletsjer (de)	мұздық	[mʊzdıq]
waterval (de)	сарқырама	[sarqırama]
geiser (de)	гейзер	[gejzer]
meer (het)	көл	[køʎ]
vlakte (de)	жазық	[ʒazıq]
landschap (het)	пейзаж	[pejzaʒ]
echo (de)	жаңғырық	[ʒaŋɣırıq]
alpinist (de)	альпинист	[aʎpınıst]
bergbeklimmer (de)	жартасқа өрмелеуші	[ʒartasqa ørmelewʃı]
trotseren (berg ~)	бағындыру	[baɣındırw]
beklimming (de)	шыңына шығу	[ʃıŋına ʃıɣw]

128. Bergen namen

Alpen (de)	Альпілер	[aʎpɪler]
Mont Blanc (de)	Монблан	[mɔnblan]
Pyreneeën (de)	Пиренейлер	[pɪrenejler]
Karpaten (de)	Карпаттар	[karpatar]
Oeralgebergte (het)	Орал таулары	[ɔral tawlarɪ]
Kaukasus (de)	Кавказ	[kavkaz]
Elbroes (de)	Эльбрус	[εʎbrws]
Altaj (de)	Алтай	[altaj]
Tiensjan (de)	Тянь-Шань	[tʲaɲ ʃaɲ]
Pamir (de)	Памир	[pamɪr]
Himalaya (de)	Гималаи	[gɪmalaɪ]
Everest (de)	Эверест	[εwerest]
Andes (de)	Аңдылар	[aŋdɪlar]
Kilimanjaro (de)	Килиманджаро	[kɪlɪmandʒarɔ]

129. Rivieren

rivier (de)	өзен	[øzen]
bron (~ van een rivier)	бұлақ	[bʊlaq]
rivierbedding (de)	арна	[arna]
rivierbekken (het)	бассейн	[bassejn]
uitmonden in ...	ағып құйылу	[aɣɪp qʊjɪlw]
zijrivier (de)	тармақ	[tarmaq]
oever (de)	жаға	[ʒaɣa]
stroming (de)	ағын	[aɣɪn]
stroomafwaarts (bw)	ағыстың ыңғайымен	[aɣɪstɪŋ ɪŋɣajɪmen]
stroomopwaarts (bw)	өрге қарай	[ørge qaraj]
overstroming (de)	тасқын	[tasqɪn]
overstroming (de)	аспа	[aspa]
buiten zijn oevers treden	су тасу	[sw tasw]
overstromen (ww)	су басу	[sw basw]
zandbank (de)	қайыр	[qajɪr]
stroomversnelling (de)	табалдырық	[tabaldɪrɪq]
dam (de)	тоған	[tɔɣan]
kanaal (het)	канал	[kanal]
spaarbekken (het)	су қоймасы	[sw qɔjmasɪ]
sluis (de)	шлюз	[ʃlyz]
waterlichaam (het)	суайдын	[swajdɪn]
moeras (het)	батпақ	[batpaq]
broek (het)	тартпа	[tartpa]
draaikolk (de)	иірім	[ɪːrɪm]
stroom (de)	жылға	[ʒɪlɣa]

drink- (abn)	ішетін	[ɪʃætɪn]
zoet (~ water)	тұзсыз	[tʊzsɯz]
IJs (het)	мұз	[mʊz]
bevriezen (rivier, enz.)	мұз боп қату	[mʊz bɔp qatw]

130. Namen van rivieren

Seine (de)	Сена	[sena]
Loire (de)	Луара	[lwara]
Theems (de)	Темза	[temza]
Rijn (de)	Рейн	[rejn]
Donau (de)	Дунай	[dwnaj]
Wolga (de)	Волга	[vɔlga]
Don (de)	Дон	[dɔn]
Lena (de)	Лена	[lena]
Gele Rivier (de)	Хуанхэ	[hwanhɛ]
Blauwe Rivier (de)	Янцзы	[jantszɯ]
Mekong (de)	Меконг	[mekɔŋ]
Ganges (de)	Ганг	[gaŋ]
Nijl (de)	Нил	[nɪl]
Kongo (de)	Конго	[kɔŋɔ]
Okavango (de)	Окаванго	[ɔkavaŋɔ]
Zambezi (de)	Замбези	[zambezɯ]
Limpopo (de)	Лимпопо	[lɪmpɔpɔ]
Mississippi (de)	Миссисипи	[mɪssɯsɯpɯ]

131. Bos

bos (het)	орман	[ɔrman]
bos- (abn)	орман	[ɔrman]
oerwoud (dicht bos)	бытқыл	[bɯtqɯl]
bosje (klein bos)	тоғай	[tɔɣaj]
open plek (de)	алаңқай	[alaŋqaj]
struikgewas (het)	ну өсімдік	[nw øsɯmdɯk]
struiken (mv.)	бұта	[bʊta]
paadje (het)	соқпақ	[sɔqpaq]
ravijn (het)	жыра	[ʒɯra]
boom (de)	ағаш	[aɣ'aʃ]
blad (het)	жапырақ	[ʒapɯraq]
gebladerte (het)	жапырақ	[ʒapɯraq]
vallende bladeren (mv.)	жапырақтың құрап түсуі	[ʒapɯraqtɯŋ qwrap tyswɯ]
vallen (ov. de bladeren)	қазылу	[qazɯlw]

boomtop (de)	ағаштың жоғарғы ұшы	[ɑɣɑʃtɯŋ ʒɔɣɑrɣɯ ʊʃɯ]
tak (de)	бұтақ	[bʊtɑq]
ent (de)	бұтақ	[bʊtɑq]
knop (de)	бүршік	[byrʃɯk]
naald (de)	ине	[ɯne]
dennenappel (de)	бүршік	[byrʃɯk]
boom holte (de)	қуыс	[qwɯs]
nest (het)	ұя	[ʊjɑ]
hol (het)	ін	[ɯn]
stam (de)	дің	[dɯŋ]
wortel (bijv. boom~s)	тамыр	[tɑmɯr]
schors (de)	қабық	[qɑbɯq]
mos (het)	мүк	[myk]
ontwortelen (een boom)	қопару	[qɔpɑrw]
kappen (een boom ~)	шабу	[ʃɑbw]
ontbossen (ww)	шабу	[ʃɑbw]
stronk (de)	томар	[tɔmɑr]
kampvuur (het)	алау	[ɑlɑw]
bosbrand (de)	өрт	[ørt]
blussen (ww)	өшіру	[øʃɯrw]
boswachter (de)	орманшы	[ɔrmɑnʃɯ]
bescherming (de)	күзет	[kyzet]
beschermen (bijv. de natuur ~)	күзету	[kyzetw]
stroper (de)	браконьер	[brɑkɔnjer]
val (de)	қақпан	[qɑqpɑn]
plukken (vruchten, enz.)	жинау	[ʒɯnɑw]
verdwalen (de weg kwijt zijn)	адасып кету	[ɑdɑsɯp ketw]

132. Natuurlijke hulpbronnen

natuurlijke rijkdommen (mv.)	табиғи қорлар	[tɑbɯɣɯ qɔrlɑr]
delfstoffen (mv.)	пайдалы қазбалар	[pɑjdɑlɯ qɑzbɑlɑr]
lagen (mv.)	кен	[ken]
veld (bijv. olie~)	кен орны	[ken ɔrnɯ]
winnen (uit erts ~)	кен шығару	[ken ʃɯɣɑrw]
winning (de)	шығару	[ʃɯɣɑrw]
erts (het)	кен	[ken]
mijn (bijv. kolenmijn)	кеніш	[kenɯʃ]
mijnschacht (de)	шахта	[ʃɑhtɑ]
mijnwerker (de)	көмірші	[kømɯrʃɯ]
gas (het)	газ	[gɑz]
gasleiding (de)	газ құбыры	[gɑz qʊbɯrɯ]
olie (aardolie)	мұнай	[mʊnɑj]
olieleiding (de)	мұнай құбыры	[mʊnɑj qʊbɯrɯ]

oliebron (de)	мұнай мұнарасы	[mʊnaj mʊnarasɪ]
boortoren (de)	бұрғылау мұнарасы	[bʊrɣɪlaw mʊnarasɪ]
tanker (de)	танкер	[taŋker]
zand (het)	құм	[qʊm]
kalksteen (de)	әк тас	[æk tas]
grind (het)	қиыршақ тас	[qɪːrʃaq tas]
veen (het)	торф	[tɔrf]
klei (de)	балшық	[balʃɪq]
steenkool (de)	көмір	[kømɪr]
IJzer (het)	темір	[temɪr]
goud (het)	алтын	[altɪn]
zilver (het)	күміс	[kymɪs]
nikkel (het)	никель	[nɪkeʎ]
koper (het)	мыс	[mɪs]
zink (het)	мырыш	[mɪrɪʃ]
mangaan (het)	марганец	[marganets]
kwik (het)	сынап	[sɪnap]
lood (het)	қорғасын	[qɔrɣasɪn]
mineraal (het)	минерал	[mɪneral]
kristal (het)	кристалл	[krɪstall]
marmer (het)	мәрмәр	[mærmar]
uraan (het)	уран	[wran]

De Aarde. Deel 2

133. Weer

weer (het)	ауа райы	[awa rajı]
weersvoorspelling (de)	ауа райы болжамы	[awa rajı bolʒamı]
temperatuur (de)	температура	[temperatwra]
thermometer (de)	термометр	[termɔmetr]
barometer (de)	барометр	[barɔmetr]
vochtigheid (de)	ылғалдық	[ılɣaldıq]
hitte (de)	ыстық	[ıstıq]
heet (bn)	ыстық	[ıstıq]
het is heet	ыстық	[ıstıq]
het is warm	жылы	[ʒılı]
warm (bn)	жылы	[ʒılı]
het is koud	суық	[swıq]
koud (bn)	суық	[swıq]
zon (de)	күн	[kyn]
schijnen (de zon)	жарық түсіру	[ʒarıq tysırw]
zonnig (~e dag)	күн	[kyn]
opgaan (ov. de zon)	көтерілу	[køterılü]
ondergaan (ww)	отыру	[otırw]
wolk (de)	бұлт	[bʊlt]
bewolkt (bn)	бұлтты	[bʊlttı]
regenwolk (de)	қара бұлт	[qara bʊlt]
somber (bn)	бұлыңғыр	[bʊlıŋɣır]
regen (de)	жаңбыр	[ʒaŋbır]
het regent	жаңбыр жауып тұр	[ʒaŋbır ʒawıp tʊr]
regenachtig (bn)	жауын-шашынды	[ʒawın ʃaʃındı]
motregenen (ww)	сіркіреу	[sırkırew]
plensbui (de)	қара жаңбыр	[qara ʒaŋbır]
stortbui (de)	нөсер	[nøser]
hard (bn)	екпінді	[ekpındı]
plas (de)	шалшық	[ʃalʃıq]
nat worden (ww)	су өту	[sw øtw]
mist (de)	тұман	[tʊman]
mistig (bn)	тұманды	[tʊmandı]
sneeuw (de)	қар	[qar]
het sneeuwt	қар жауып тұр	[qar ʒawıp tʊr]

134. Zwaar weer. Natuurrampen

noodweer (storm)	найзағай	[nɑjzɑɣɑj]
bliksem (de)	найзағай	[nɑjzɑɣɑj]
flitsen (ww)	жарқырау	[ʒɑrqɪrɑw]
donder (de)	күн күркіреу	[kyn kyrkɪrew]
donderen (ww)	дүрілдеу	[dyrɪldew]
het dondert	күн күркірейді	[kyn kyrkɪrejdɪ]
hagel (de)	бұршақ	[bʊrʃɑq]
het hagelt	бұршақ жауып тұр	[bʊrʃɑq ʒɑwɪp tʊr]
overstromen (ww)	су басу	[sw bɑsw]
overstroming (de)	сел жүру	[sel ʒyrw]
aardbeving (de)	жер сілкіну	[ʒer sɪlkɪnw]
aardschok (de)	түрткі	[tyrtkɪ]
epicentrum (het)	эпицентр	[ɛpɪtsentr]
uitbarsting (de)	атылуы	[ɑtɪlwɪ]
lava (de)	лава	[lɑvɑ]
wervelwind (de)	құйын	[qʊjɪn]
windhoos (de)	торнадо	[tɔrnɑdɔ]
tyfoon (de)	тайфун	[tɑjfwn]
orkaan (de)	дауыл	[dɑwɪl]
storm (de)	дауыл	[dɑwɪl]
tsunami (de)	цунами	[tswnɑmɪ]
cycloon (de)	циклон	[tsɪklɔn]
onweer (het)	бұлыңғыр	[bʊlɪŋɣɪr]
brand (de)	өрт	[ørt]
ramp (de)	апат	[ɑpɑt]
meteoriet (de)	метеорит	[meteɔrɪt]
lawine (de)	көшкін	[køʃkɪn]
sneeuwverschuiving (de)	опырылу	[ɔpɪrɪlw]
sneeuwjacht (de)	боран	[bɔrɑn]
sneeuwstorm (de)	боран	[bɔrɑn]

Fauna

135. Zoogdieren. Roofdieren

roofdier (het)	жыртқыш	[ʒɪrtqɪʃ]
tijger (de)	жолбарыс	[ʒɔlbarıs]
leeuw (de)	арыстан	[arıstan]
wolf (de)	қасқыр	[qaskır]
vos (de)	түлкі	[tylkı]
jaguar (de)	ягуар	[jagwar]
luipaard (de)	леопард	[leɔpard]
jachtluipaard (de)	гепард	[gepard]
panter (de)	бабыр	[babır]
poema (de)	пума	[pwma]
sneeuwluipaard (de)	ілбіс	[ɪlbıs]
lynx (de)	сілеусін	[sılewsın]
coyote (de)	койот	[kɔjot]
jakhals (de)	шиебөрі	[ʃiebørı]
hyena (de)	гиена	[gıena]

136. Wilde dieren

dier (het)	айуан	[ajwan]
beest (het)	аң	[aŋ]
eekhoorn (de)	тиін	[tıːn]
egel (de)	кірпі	[kırpı]
haas (de)	қоян	[qɔjan]
konijn (het)	үй қояны	[juj qɔjanı]
das (de)	борсық	[bɔrsıq]
wasbeer (de)	жанат	[ʒanat]
hamster (de)	алақоржын	[alaqɔrʒın]
marmot (de)	суыр	[swır]
mol (de)	көртышқан	[kørtıʃqan]
muis (de)	қаптесер	[qapteser]
rat (de)	егеуқұйрық	[egewqujrıq]
vleermuis (de)	жарғанат	[ʒarɣanat]
hermelijn (de)	аққіс	[aqıs]
sabeldier (het)	бұлғын	[bulɣın]
marter (de)	кәмшат	[kæmʃat]
wezel (de)	аққалақ	[aqalaq]
nerts (de)	норка	[nɔrka]

bever (de)	құндыз	[qʊndɯz]
otter (de)	қамшат	[qamʃat]
paard (het)	ат	[at]
eland (de)	бұлан	[bʊlan]
hert (het)	бұғы	[bʊɣɯ]
kameel (de)	түйе	[tyje]
bizon (de)	бизон	[bɯzɔn]
oeros (de)	зубр	[zwbr]
buffel (de)	буйвол	[bwjvɔl]
zebra (de)	зебра	[zebra]
antilope (de)	антилопа	[antɯlɔpa]
ree (de)	елік	[elɯk]
damhert (het)	кербұғы	[kerbʊɣɯ]
gems (de)	серна	[serna]
everzwijn (het)	қабан	[qaban]
walvis (de)	кит	[kɯt]
rob (de)	итбалық	[ɯtbalɯq]
walrus (de)	морж	[mɔrʒ]
zeehond (de)	теңіз мысық	[teŋɯz mɯsɯq]
dolfijn (de)	дельфин	[deʎfɯn]
beer (de)	аю	[aju]
IJsbeer (de)	ақ аю	[aq aju]
panda (de)	панда	[panda]
aap (de)	маймыл	[majmɯl]
chimpansee (de)	шимпанзе	[ʃɯmpanze]
orang-oetan (de)	орангутанг	[ɔraŋwtaŋ]
gorilla (de)	горилла	[gɔrɯlla]
makaak (de)	макака	[makaka]
gibbon (de)	гиббон	[gɯbbɔn]
olifant (de)	піл	[pɯl]
neushoorn (de)	мүйізтұмсық	[myjɯztʊmsɯq]
giraffe (de)	керік	[kerɯk]
nijlpaard (het)	бегемот	[begemɔt]
kangoeroe (de)	кенгуру	[keŋwrw]
koala (de)	коала	[kɔala]
mangoest (de)	мангуст	[maŋwst]
chinchilla (de)	шиншилла	[ʃɯnʃɯlla]
stinkdier (het)	скунс	[skwns]
stekelvarken (het)	жайра	[ʒajra]

137. Huisdieren

poes (de)	мысық	[mɯsɯq]
kater (de)	мысық	[mɯsɯq]
hond (de)	ит	[ɯt]

paard (het)	ат	[at]
hengst (de)	айғыр	[ajɣɯr]
merrie (de)	бие	[bɪe]

koe (de)	сиыр	[sɯːr]
stier (de)	бұқа	[bʊqa]
os (de)	өгіз	[øgɯz]

schaap (het)	қой	[qɔj]
ram (de)	қошқар	[qɔʃqar]
geit (de)	ешкі	[eʃkɯ]
bok (de)	теке	[teke]

ezel (de)	есек	[esek]
muilezel (de)	қашыр	[qaʃɯr]

varken (het)	шошқа	[ʃɔʃqa]
biggetje (het)	торай	[tɔraj]
konijn (het)	үй қояны	[juj qɔjanɯ]

kip (de)	тауық	[tawɯq]
haan (de)	әтеш	[æteʃ]

eend (de)	үйрек	[jujrek]
woerd (de)	кежек	[keʒek]
gans (de)	қаз	[qaz]

kalkoen haan (de)	күркетауық	[kyrqetawɯq]
kalkoen (de)	күркетауық	[kyrqetawɯq]

huisdieren (mv.)	үй жануарлары	[juj ʒanwarlarɯ]
tam (bijv. hamster)	қол	[qɔl]
temmen (tam maken)	қолға үйрету	[qɔlɣa jujretw]
fokken (bijv. paarden ~)	өсіру	[øsɯrw]

boerderij (de)	ферма	[ferma]
gevogelte (het)	үй құсы	[ʊj qʊsɯ]
rundvee (het)	мал	[mal]
kudde (de)	табын	[tabɯn]

paardenstal (de)	ат қора	[at qɔra]
zwijnenstal (de)	шошқа қора	[ʃɔʃqa qɔra]
koeienstal (de)	сиыр қора	[sɯːr qɔra]
konijnenhok (het)	үй қояны күркесі	[juj qɔjanɯ kyrqesɯ]
kippenhok (het)	тауық қора	[tawɯq qɔra]

138. Vogels

vogel (de)	құс	[qʊs]
duif (de)	көгершін	[køgerʃɯn]
mus (de)	торғай	[tɔrɣaj]
koolmees (de)	сары шымшық	[sarɯ ʃɯmʃɯq]
ekster (de)	сауысқан	[sawɯsqan]
raaf (de)	құзғын	[qʊzɣɯn]

kraai (de)	қарға	[qarɣa]
kauw (de)	шауқарға	[ʃawqarɣa]
roek (de)	ұзақ	[ʊzaq]
eend (de)	үйрек	[jujrek]
gans (de)	қаз	[qaz]
fazant (de)	қырғауыл	[qɪrɣawɪl]
arend (de)	бүркіт	[byrkɪt]
havik (de)	қаршыға	[qarʃɪɣa]
valk (de)	қыран	[qɪran]
gier (de)	күшіген	[kyʃɪgen]
condor (de)	кондор	[kɔndɔr]
zwaan (de)	аққу	[aqw]
kraanvogel (de)	тырна	[tɪrna]
ooievaar (de)	ләйлек	[læjlek]
papegaai (de)	тоты құс	[tɔtɪ qʊs]
kolibrie (de)	колибри	[kɔlɪbrɪ]
pauw (de)	тауыс	[tawɪs]
struisvogel (de)	түйеқұс	[tyjeqʊs]
reiger (de)	аққутан	[aqʊtan]
flamingo (de)	қоқиқаз	[qɔqɪqaz]
pelikaan (de)	бірқазан	[bɪrqazan]
nachtegaal (de)	бұлбұл	[bʊlbʊl]
zwaluw (de)	қарлығаш	[qarlɪɣaʃ]
lijster (de)	барылдақ торғай	[barɪldaq tɔrɣaj]
zanglijster (de)	әнші шымшық	[ænʃɪ ʃɪmʃɪq]
merel (de)	қара барылдақ торғай	[qara barɪldaq tɔrɣaj]
gierzwaluw (de)	стриж	[strɪʒ]
leeuwerik (de)	бозторғай	[bɔztɔrɣaj]
kwartel (de)	бөдене	[bødene]
koekoek (de)	көкек	[køkek]
uil (de)	жапалақ	[ʒapalaq]
oehoe (de)	үкі	[jukɪ]
auerhoen (het)	саңырау құр	[saŋɪraw qʊr]
korhoen (het)	бұлдырық	[bʊldɪrɪq]
patrijs (de)	құр	[qʊr]
spreeuw (de)	қараторғай	[qaratɔrɣaj]
kanarie (de)	шымшық	[ʃɪmʃɪq]
hazelhoen (het)	қарабауыр	[qarabawɪr]
vink (de)	қызыл	[qɪzɪl]
goudvink (de)	бозшымшық	[bɔzʃɪmʃɪq]
meeuw (de)	шағала	[ʃaɣala]
albatros (de)	альбатрос	[aʎbatrɔs]
pinguïn (de)	пингвин	[pɪŋwɪn]

139. Vis. Zeedieren

brasem (de)	ақтабан	[aqtaban]
karper (de)	тұқы	[tʊqı]
baars (de)	алабұға	[alabʊɣa]
meerval (de)	жайын	[ʒajın]
snoek (de)	шортан	[ʃɔrtan]
zalm (de)	лосось	[lɔsɔsʲ]
steur (de)	бекіре	[bekıre]
haring (de)	майшабақ	[majʃabaq]
atlantische zalm (de)	ақсерке	[aqserqe]
makreel (de)	скумбрия	[skwmbrıja]
platvis (de)	камбала	[kambala]
snoekbaars (de)	Көксерке	[køkserke]
kabeljauw (de)	треска	[treska]
tonijn (de)	тунец	[twnets]
forel (de)	бахтах	[bahtah]
paling (de)	жыланбалық	[ʒılanbalıq]
sidderrog (de)	электр құламасы	[ɛlektr qʊlaması]
murene (de)	мурена	[mwrena]
piranha (de)	пиранья	[pıraɲja]
haai (de)	акула	[akwla]
dolfijn (de)	дельфин	[deʎfın]
walvis (de)	кит	[kıt]
krab (de)	теңіз шаяны	[teŋız ʃajanı]
kwal (de)	медуза	[medwza]
octopus (de)	сегізаяқ	[segızajaq]
zeester (de)	теңіз жұлдызы	[teŋız ʒʊldızı]
zee-egel (de)	теңіз кірпісі	[teŋız kırpısı]
zeepaardje (het)	теңіздегі мысықтың баласы	[teŋgızdegı mısıqtıŋ balası]
oester (de)	устрица	[wstrıtsa]
garnaal (de)	асшаян	[asʃajan]
kreeft (de)	омар	[ɔmar]
langoest (de)	лангуст	[laŋwst]

140. Amfibieën. Reptielen

slang (de)	жылан	[ʒılan]
giftig (slang)	улы	[wlı]
adder (de)	улы сұр жылан	[wlı sʊr ʒılan]
cobra (de)	әбжылан	[æbʒılan]
python (de)	питон	[pıton]
boa (de)	айдаһар	[ajdahar]

ringslang (de)	сужылан	[swʒɪlɑn]
ratelslang (de)	ысылдағыш улы жылан	[ɪsɪldɑɣɯʃ wlɪ ʒɪlɑn]
anaconda (de)	анаконда	[ɑnɑkɔndɑ]
hagedis (de)	кесіртке	[kesɪrtke]
leguaan (de)	игуана	[ɪgwɑnɑ]
varaan (de)	келес	[keles]
salamander (de)	саламандра	[sɑlɑmɑndrɑ]
kameleon (de)	хамелеон	[hɑmeleɔn]
schorpioen (de)	құршаян	[qʊrʃɑjɑn]
schildpad (de)	тасбақа	[tɑsbɑqɑ]
kikker (de)	бақа	[bɑqɑ]
pad (de)	құрбақа	[qʊrbɑqɑ]
krokodil (de)	қолтырауын	[qɔltɯrɑwɯn]

141. Insecten

insect (het)	бунақдене	[bwnɑqdene]
vlinder (de)	көбелек	[købelek]
mier (de)	құмырсқа	[qʊmɯrsqɑ]
vlieg (de)	шыбын	[ʃɯbɯn]
mug (de)	маса	[mɑsɑ]
kever (de)	қоңыз	[qɔŋɯz]
wesp (de)	ара	[ɑrɑ]
bij (de)	балара	[bɑlɑrɑ]
hommel (de)	ара	[ɑrɑ]
horzel (de)	бөгелек	[bøgelek]
spin (de)	өрмекші	[ørmekʃɪ]
spinnenweb (het)	өрмекшінің торы	[ørmekʃɪnɪŋ tɔrɯ]
libel (de)	инелік	[ɪnelɪk]
sprinkhaan (de)	шегіртке	[ʃægɯrtke]
nachtvlinder (de)	көбелек	[købelek]
kakkerlak (de)	тарақан	[tɑrɑqɑn]
mijt (de)	кене	[kene]
vlo (de)	бүрге	[byrge]
kriebelmug (de)	шіркей	[ʃɪrkej]
treksprinkhaan (de)	шегіртке	[ʃægɯrtke]
slak (de)	ұлу	[ʊlw]
krekel (de)	шырылдауық	[ʃɯrɯldɑwɯq]
glimworm (de)	жылтырауық	[ʒɯltɯrɑwɯq]
lieveheersbeestje (het)	қызыл қоңыз	[qɯzɯl qɔŋɯz]
meikever (de)	зауза қоңыз	[zɑwzɑ qɔŋɯz]
bloedzuiger (de)	сүлік	[sylɪk]
rups (de)	қырықбуын	[qɯrɯqbwɯn]
aardworm (de)	құрт	[qʊrt]
larve (de)	құрт	[qʊrt]

Flora

142. Bomen

boom (de)	ағаш	[aɣʻaʃ]
loof- (abn)	жапырақты	[ʒapıraqtı]
dennen- (abn)	қылқанды	[qılqandı]
groenblijvend (bn)	мәңгі жасыл	[mæŋgı ʒasıl]
appelboom (de)	алма ағашы	[alma aɣaʃı]
perenboom (de)	алмұрт	[almʊrt]
zoete kers (de)	қызыл шие ағашы	[qızıl ʃie aɣaʃı]
zure kers (de)	кәдімгі шие ағашы	[kadımgı ʃie aɣaʃı]
pruimelaar (de)	қара өрік	[qara ørık]
berk (de)	қайың	[qajıŋ]
eik (de)	емен	[emen]
linde (de)	жөке	[ʒøke]
esp (de)	көктерек	[kɔkterek]
esdoorn (de)	үйеңкі	[jujeŋkı]
spar (de)	шырша	[ʃırʃa]
den (de)	қарағай	[qaraɣaj]
lariks (de)	бал қарағай	[bal qaraɣaj]
zilverspar (de)	самырсын	[samırsın]
ceder (de)	балқарағай	[balqaraɣaj]
populier (de)	терек	[terek]
lijsterbes (de)	шетен	[ʃæten]
wilg (de)	үйеңкі	[jujeŋkı]
els (de)	қандағаш	[qandaɣaʃ]
beuk (de)	шамшат	[ʃamʃat]
iep (de)	шегіршін	[ʃægırʃın]
es (de)	шетен	[ʃæten]
kastanje (de)	талшын	[talʃın]
magnolia (de)	магнолия	[magnɔlija]
palm (de)	пальма	[paʎma]
cipres (de)	сауырағаш	[sawıraɣaʃ]
mangrove (de)	мангр ағашы	[maŋr aɣaʃı]
baobab (apenbroodboom)	баобаб	[baɔbab]
eucalyptus (de)	эвкалипт	[ɛvkalıpt]
mammoetboom (de)	секвойя	[sekvɔja]

143. Heesters

struik (de)	бұта	[bʊta]
heester (de)	бұта	[bʊta]

wijnstok (de)	жүзім	[ʒyzɯm]
wijngaard (de)	жүзім егісі	[ʒyzɯm egɯsɯ]
frambozenstruik (de)	таңқурай	[taŋqwraj]
rode bessenstruik (de)	қызыл қарақат	[qɯzɯl qaraqat]
kruisbessenstruik (de)	тұшала	[tʊʃala]
acacia (de)	қараған	[qaraɣan]
zuurbes (de)	зерек	[zerek]
jasmijn (de)	ақгүл	[aqgyl]
jeneverbes (de)	арша	[arʃa]
rozenstruik (de)	қызғылт бұта	[qɯzɣɯlt bʊta]
hondsroos (de)	итмұрын	[ɯtmʊrɯn]

144. Vruchten. Bessen

vrucht (de)	жеміс	[ʒemɯs]
vruchten (mv.)	жемістер	[ʒemɯster]
appel (de)	алма	[alma]
peer (de)	алмұрт	[almʊrt]
pruim (de)	қара өрік	[qara ørɯk]
aardbei (de)	бүлдірген	[byldɯrgen]
zure kers (de)	кәдімгі шие	[kadɯmgɯ ʃie]
zoete kers (de)	қызыл шие	[qɯzɯl ʃie]
druif (de)	жүзім	[ʒyzɯm]
framboos (de)	таңқурай	[taŋqwraj]
zwarte bes (de)	қарақат	[qaraqat]
rode bes (de)	қызыл қарақат	[qɯzɯl qaraqat]
kruisbes (de)	тұшала	[tʊʃala]
veenbes (de)	мүк жидегі	[myk ʒɯdegɯ]
sinaasappel (de)	апельсин	[apeʎsɯn]
mandarijn (de)	мандарин	[mandarɯn]
ananas (de)	ананас	[ananas]
banaan (de)	банан	[banan]
dadel (de)	құрма	[qʊrma]
citroen (de)	лимон	[lɯmɔn]
abrikoos (de)	өрік	[ørɯk]
perzik (de)	шабдалы	[ʃabdalɯ]
kiwi (de)	киви	[kɯwɯ]
grapefruit (de)	грейпфрут	[grejpfrwt]
bes (de)	жидек	[ʒɯdek]
bessen (mv.)	жидектер	[ʒɯdekter]
vossenbes (de)	итбүлдірген	[ɯtbyldɯrgen]
bosaardbei (de)	қой бүлдірген	[qɔj byldɯrgen]
bosbes (de)	қара жидек	[qara ʒɯdek]

145. Bloemen. Planten

bloem (de)	гүл	[gyl]
boeket (het)	гүл шоғы	[gyl ʃoɣɪ]

roos (de)	раушан	[rawʃan]
tulp (de)	қызғалдақ	[qɪzɣaldaq]
anjer (de)	қалампыр	[qalampɪr]
gladiool (de)	гладиолус	[gladɪɔlws]

korenbloem (de)	гүлкекіре	[gylkekɪre]
klokje (het)	қоңырау	[qɔŋɪraw]
paardenbloem (de)	бақбақ	[baqbaq]
kamille (de)	түйметағы	[tyjmetaɣɪ]

aloë (de)	алоэ	[alɔɛ]
cactus (de)	кактус	[kaktws]
ficus (de)	фикус	[fɪkws]

lelie (de)	лалагүл	[lalagyl]
geranium (de)	герань	[geraɲ]
hyacint (de)	сүмбілгүл	[symbɪlgyl]

mimosa (de)	мимоза	[mɪmɔza]
narcis (de)	нарцисс	[nartsɪss]
Oostindische kers (de)	настурция	[nastwrtsɪja]

orchidee (de)	орхидея	[ɔrhɪdeja]
pioenroos (de)	пион	[pɪɔn]
viooltje (het)	шегіргүл	[ʃægɪrgyl]

driekleurig viooltje (het)	сарғалдақтар	[sarɣaldaqtar]
vergeet-mij-nietje (het)	ботакөз	[bɔtakøz]
madeliefje (het)	әсел	[æseʎ]

papaver (de)	көкнәр	[køknær]
hennep (de)	сора	[sɔra]
munt (de)	жалбыз	[ʒalbɪz]

lelietje-van-dalen (het)	меруертгүл	[merwertgyl]
sneeuwklokje (het)	бәйшешек	[bæjʃæʃæk]

brandnetel (de)	қалақай	[qalaqaj]
veldzuring (de)	қымыздық	[qɪmɪzdɪq]
waterlelie (de)	құмыра гүл	[qʊmɪra gyl]
varen (de)	қырыққұлақ	[qɪrɪqʊlaq]
korstmos (het)	қына	[qɪna]

oranjerie (de)	жылыжай	[ʒɪlɪʒaj]
gazon (het)	көгал	[køgal]
bloemperk (het)	гүлбағы	[gyʎbahɣɪ]

plant (de)	өсімдік	[øsɪmdɪk]
gras (het)	шөп	[ʃøp]
grassspriet (de)	бір тал шөп	[bɪr tal ʃøp]

blad (het)	жапырақ	[ʒapıraq]
bloemblad (het)	күлте	[kyʎte]
stengel (de)	сабақ	[sabaq]
knol (de)	түйнек	[tyjnek]
scheut (de)	өскін	[øskın]
doorn (de)	тікенек	[tıkenek]
bloeien (ww)	гүлдеу	[gyldew]
verwelken (ww)	сарғаю	[sarɣaju]
geur (de)	иіс	[ı:s]
snijden (bijv. bloemen ~)	кесу	[kesw]
plukken (bloemen ~)	үзу	[juzw]

146. Granen, graankorrels

graan (het)	дән	[dæn]
graangewassen (mv.)	астық дақыл өсімдіктері	[astıq daqıl øsımdıkterı]
aar (de)	масақ	[masaq]
tarwe (de)	бидай	[bıdaj]
rogge (de)	қара бидай	[qara bıdaj]
haver (de)	сұлы	[sʊlı]
gierst (de)	тары	[tarı]
gerst (de)	арпа	[arpa]
maïs (de)	жүгері	[ʒygerı]
rijst (de)	күріш	[kyrıʃ]
boekweit (de)	қарақұмық	[qaraqʊmıq]
erwt (de)	бұршақ	[bʊrʃaq]
boon (de)	бұршақ	[bʊrʃaq]
soja (de)	соя	[soja]
linze (de)	жасымық	[ʒasımıq]
bonen (mv.)	ірі бұршақтар	[ırı bʊrʃaqtar]

LANDEN. NATIONALITEITEN

147. West-Europa

| Europa (het) | Еуропа | [ewrɔpa] |
| Europese Unie (de) | Еуропалық одақ | [ewrɔpalıq ɔdaq] |

Oostenrijk (het)	Австрия	[avstrıja]
Groot-Brittannië (het)	Ұлыбритания	[ʊlıbrıtanıja]
Engeland (het)	Англия	[aŋlıja]
België (het)	Бельгия	[beʎgıja]
Duitsland (het)	Германия	[germanıja]

Nederland (het)	Нидерланд	[nıderland]
Holland (het)	Голландия	[gɔllandıja]
Griekenland (het)	Грекия	[grekıja]
Denemarken (het)	Дания	[danıja]
Ierland (het)	Ирландия	[ırlandıja]
IJsland (het)	Исландия	[ıslandıja]

Spanje (het)	Испания	[ıspanıja]
Italië (het)	Италия	[ıtalıja]
Cyprus (het)	Кипр	[kıpr]
Malta (het)	Мальта	[maʎta]

Noorwegen (het)	Норвегия	[nɔrwegıja]
Portugal (het)	Португалия	[pɔrtwgalıja]
Finland (het)	Финляндия	[fınʎandıja]
Frankrijk (het)	Франция	[frantsıja]

Zweden (het)	Швеция	[ʃwetsıja]
Zwitserland (het)	Швейцария	[ʃwejtsarıja]
Schotland (het)	Шотландия	[ʃɔtlandıja]

Vaticaanstad (de)	Ватикан	[vatıkan]
Liechtenstein (het)	Лихтенштейн	[lıhtenʃtejn]
Luxemburg (het)	Люксембург	[lyksembwrg]
Monaco (het)	Монако	[mɔnakɔ]

148. Centraal- en Oost-Europa

Albanië (het)	Албания	[albanıja]
Bulgarije (het)	Болгария	[bɔlgarıja]
Hongarije (het)	Мажарстан	[maʒarstan]
Letland (het)	Латвия	[latwıja]

| Litouwen (het) | Литва | [lıtva] |
| Polen (het) | Польша | [pɔʎʃa] |

Roemenië (het)	Румыния	[rwmɪnɪja]
Servië (het)	Сербия	[serbɪja]
Slowakije (het)	Словакия	[slɔvakɪja]

Kroatië (het)	Хорватия	[hɔrvatɪja]
Tsjechië (het)	Чехия	[tʃehɪja]
Estland (het)	Эстония	[ɛstɔnɪja]

Bosnië en Herzegovina (het)	Босния мен Герцеговина	[bɔsnɪja men gertsegɔwɪna]
Macedonië (het)	Македония	[makedɔnɪja]
Slovenië (het)	Словения	[slɔwenɪja]
Montenegro (het)	Черногория	[tʃernɔgɔrɪja]

149. Voormalige USSR landen

| Azerbeidzjan (het) | Әзірбайжан | [azɪrbajʒan] |
| Armenië (het) | Әрменстан | [armenstan] |

Wit-Rusland (het)	Беларусь	[belarwsʲ]
Georgië (het)	Гүржістан	[gyrʒɪstan]
Kazakstan (het)	Қазақстан	[qazaqhstan]
Kirgizië (het)	Қырғызстан	[qɪrɣɪzstan]
Moldavië (het)	Молдова	[mɔldɔva]

| Rusland (het) | Ресей | [resej] |
| Oekraïne (het) | Украина | [wkraɪna] |

Tadzjikistan (het)	Тәжікстан	[taʒɪkɪstan]
Turkmenistan (het)	Түрікменстан	[tyrɪkmenstan]
Oezbekistan (het)	Өзбекистан	[øzbekɪstan]

150. Azië

Azië (het)	Азия	[azɪja]
Vietnam (het)	Вьетнам	[vjetnam]
India (het)	Үндістан	[jundɪstan]
Israël (het)	Израиль	[ɪzraɪʎ]

China (het)	Қытай	[qɪtaj]
Libanon (het)	Ливан	[lɪvan]
Mongolië (het)	Монголия	[mɔnɣɔlɪja]

| Maleisië (het) | Малайзия | [malajzɪja] |
| Pakistan (het) | Пәкістан | [pakɪstan] |

Saoedi-Arabië (het)	Сауди Арабстан	[sawdɪ arabstan]
Thailand (het)	Таиланд	[taɪland]
Taiwan (het)	Тайвань	[tajvaɲ]
Turkije (het)	Түркия	[tyrkɪja]
Japan (het)	Жапония	[ʒapɔnɪja]
Afghanistan (het)	Ауғаныстан	[awɣanɪstan]
Bangladesh (het)	Бангладеш	[baŋladeʃ]

| Indonesië (het) | Индонезия | [ɪndɔnezɪja] |
| Jordanië (het) | Иордания | [ɪɔrdanɪja] |

Irak (het)	Ирак	[ɪrak]
Iran (het)	Иран	[ɪran]
Cambodja (het)	Камбоджа	[kambɔdʒa]
Koeweit (het)	Кувейт	[kwwejt]

Laos (het)	Лаос	[laɔs]
Myanmar (het)	Мьянма	[mjanma]
Nepal (het)	Непал	[nepal]
Verenigde Arabische Emiraten	Біріккен Араб Эмираттары	[bırıken arab ɛmıratarı]

| Syrië (het) | Сирия | [sırıja] |
| Palestijnse autonomie (de) | Палестина | [palestɪna] |

| Zuid-Korea (het) | Оңтүстік Корея | [ɔŋtystık kɔreja] |
| Noord-Korea (het) | Солтүстік Корея | [sɔltystık kɔreja] |

151. Noord-Amerika

Verenigde Staten van Amerika	Америка құрама штаттары	[amerɪka qurama ʃtattarı]
Canada (het)	Канада	[kanada]
Mexico (het)	Мексика	[meksɪka]

152. Midden- en Zuid-Amerika

Argentinië (het)	Аргентина	[argentɪna]
Brazilië (het)	Бразилия	[brazılıja]
Colombia (het)	Колумбия	[kɔlwmbɪja]

| Cuba (het) | Куба | [kwba] |
| Chili (het) | Чили | [tʃılı] |

| Bolivia (het) | Боливия | [bɔlıwıja] |
| Venezuela (het) | Венесуэла | [weneswɛla] |

| Paraguay (het) | Парагвай | [paragvaj] |
| Peru (het) | Перу | [perw] |

Suriname (het)	Суринам	[swrınam]
Uruguay (het)	Уругвай	[wrwgvaj]
Ecuador (het)	Эквадор	[ɛkvadɔr]

| Bahama's (mv.) | Багам аралдары | [baɡam araldarı] |
| Haïti (het) | Гаити | [ɡaıtı] |

Dominicaanse Republiek (de)	Доминикан республикасы	[dɔmınıkan respwblıkası]
Panama (het)	Панама	[panama]
Jamaica (het)	Ямайка	[jamajka]

153. Afrika

Egypte (het)	Мысыр	[mısır]
Marokko (het)	Марокко	[marɔkkɔ]
Tunesië (het)	Тунис	[twnıs]
Ghana (het)	Гана	[gana]
Zanzibar (het)	Занзибар	[zanzıbar]
Kenia (het)	Кения	[kenıja]
Libië (het)	Ливия	[lıwıja]
Madagaskar (het)	Мадагаскар	[madagaskar]
Namibië (het)	Намибия	[namıbıja]
Senegal (het)	Сенегал	[senegal]
Tanzania (het)	Танзания	[tanzanıja]
Zuid-Afrika (het)	ОАР	[ɔar]

154. Australië. Oceanië

Australië (het)	Австралия	[awstralıja]
Nieuw-Zeeland (het)	Жаңа Зеландия	[ʒaŋa zelandıja]
Tasmanië (het)	Тасмания	[tasmanıja]
Frans-Polynesië	Франция Полинезиясы	[frantsıja polınezıjası]

155. Steden

Amsterdam	Амстердам	[amsterdam]
Ankara	Анкара	[aŋkara]
Athene	Афины	[afını]
Bagdad	Бағдад	[baɣdad]
Bangkok	Бангкок	[baŋkɔk]
Barcelona	Барселона	[barselona]
Beiroet	Бейрут	[bejrwt]
Berlijn	Берлин	[berlın]
Boedapest	Будапешт	[bwdapeʃt]
Boekarest	Бухарест	[bwharest]
Bombay, Mumbai	Бомбей	[bɔmbej]
Bonn	Бонн	[bɔn]
Bordeaux	Бордо	[bɔrdɔ]
Bratislava	Братислава	[bratıslava]
Brussel	Брюссель	[brysseʎ]
Caïro	Каир	[kaır]
Calcutta	Калькутта	[kaʎkwtta]
Chicago	Чикаго	[tʃıkagɔ]
Dar Es Salaam	Дар-эс-Салам	[dar ɛs salam]
Delhi	Дели	[delı]
Den Haag	Гаага	[ga:ga]

Dubai	Дубай	[dwbɑj]
Dublin	Дублин	[dwblın]
Düsseldorf	Дюссельдорф	[dysseʎdɔrf]
Florence	Флоренция	[flɔrentsıja]

Frankfort	Франкфурт	[frɑŋkfwrt]
Genève	Женева	[ʒeneva]
Hamburg	Гамбург	[gɑmbwrg]
Hanoi	Ханой	[hɑnɔj]
Havana	Гавана	[gavɑnɑ]

Helsinki	Хельсинки	[heʎsıŋkı]
Hiroshima	Хиросима	[hırɔsıma]
Hongkong	Гонконг	[gɔŋkɔn]
Istanbul	Стамбұл	[stambʊl]
Jeruzalem	Иерусалим	[ıerwsalım]
Kiev	Киев	[kıev]

Kopenhagen	Копенгаген	[kɔpeŋagen]
Kuala Lumpur	Куала-Лумпур	[kwala lwmpwr]
Lissabon	Лиссабон	[lıssabon]
Londen	Лондон	[lɔndɔn]
Los Angeles	Лос-Анджелес	[lɔs andʒeles]

Lyon	Лион	[lıɔn]
Madrid	Мадрид	[madrıd]
Marseille	Марсель	[marseʎ]
Mexico-Stad	Мехико	[mehıkɔ]
Miami	Майями	[majamı]

Montreal	Монреаль	[mɔnreaʎ]
Moskou	Мәскеу	[mæskew]
München	Мюнхен	[mynhen]
Nairobi	Найроби	[nɑjrɔbı]
Napels	Неаполь	[neapɔʎ]

New York	Нью-Йорк	[ɲjy jork]
Nice	Ницца	[nıtsa]
Oslo	Осло	[ɔslɔ]
Ottawa	Оттава	[ɔttava]
Parijs	Париж	[parıʒ]

Peking	Бейжің	[bejʒıŋ]
Praag	Прага	[praga]
Rio de Janeiro	Рио-де-Жанейро	[rıɔ de ʒanejrɔ]
Rome	Рим	[rım]
Seoel	Сеул	[sewl]
Singapore	Сингапур	[sıŋapwr]

Sint-Petersburg	Санкт-Петербург	[sɑŋkt peterbwrg]
Sjanghai	Шанхай	[ʃanhɑj]
Stockholm	Стокгольм	[stɔkgɔʎm]
Sydney	Сидней	[sıdnej]
Taipei	Тайпей	[tajpej]
Tokio	Токио	[tɔkıɔ]
Toronto	Торонто	[tɔrɔntɔ]

Venetië	**Венеция**	[wenetsɪja]
Warschau	**Варшава**	[vɑrʃava]
Washington	**Вашингтон**	[vɑʃɪŋton]
Wenen	**Вена**	[wenɑ]

www.ingramcontent.com/pod-product-compliance
Lightning Source LLC
Chambersburg PA
CBHW070557050426
42450CB00011B/2899